Linguagem e letramento na educação dos surdos
Ideologias e práticas pedagógicas

Paula Botelho

LINGUAGEM E LETRAMENTO NA EDUCAÇÃO DOS SURDOS
Ideologias e práticas pedagógicas

4ª edição
2ª reimpressão

autêntica

Copyright © 2002 Paula Botelho
Copyright © 2002 Autêntica Editora

Todos os direitos reservados pela Autêntica Editora. Nenhuma parte desta publicação poderá ser reproduzida, seja por meios mecânicos, eletrônicos, seja via cópia xerográfica, sem a autorização prévia da Editora.

EDITORA RESPONSÁVEL
Rejane Dias

EDITORA ASSISTENTE
Cecília Martins

REVISÃO
Erick Ramalho

CAPA
Jairo Alvarenga Fonseca
(sobre foto da Stock Photos)

DIAGRAMAÇÃO
Waldênia Alvarenga

B748l
Botelho, Paula
  Linguagem e letramento na educação dos surdos – Ideologias e práticas pedagógicas / Paula Botelho. – 4. ed. – 2. reimp. – Belo Horizonte: Autêntica Editora, 2016.

160p. (Trajetória, 5)

ISBN 978-85-7526-001-2

1. Educação dos surdos. I. Título. II Série.

CDU
376.33

GRUPO **AUTÊNTICA**

Belo Horizonte
Rua Carlos Turner, 420
Silveira . 31140-520
Belo Horizonte . MG
Tel.: (55 31) 3465 4500

Rio de Janeiro
Rua Debret, 23, sala 401
Centro . 20030-080
Rio de Janeiro . RJ
Tel.: (55 21) 3179-1975

São Paulo
Av. Paulista, 2.073,
Conjunto Nacional, Horsa I
23º andar . Conj. 2301 .
Cerqueira César . 01311-940
São Paulo . SP
Tel.: (55 11) 3034 4468

www.grupoautentica.com.br

Dedico este livro a todos aqueles às voltas com
a aquisição e o uso de uma língua estrangeira,
seja ela escrita, oral ou de sinais: que o temor do
erro, da vergonha e do ridículo não constituam
impedimentos ao aprendizado.

A Patrícia Luiza, sensível crítica dos discursos
sobre os surdos e a surdez.

A Robert E. Johnson, generoso e precioso
interlocutor no debate sobre os fundamentais
problemas da educação dos surdos.

A Mariana Botelho Johnson, e a todas as crianças
e jovens que vivem fora do Brasil, na esperança
de que o Português continue a se constituir como
afeto, riqueza e valor.

SUMÁRIO

INTRODUÇÃO... 09

VARIÁVEIS INTERVENIENTES E NÃO INTERVENIENTES
NA CONSTRUÇÃO DA LINGUAGEM, DO LETRAMENTO
E DA INTERAÇÃO.. 13
- Grau de perda auditiva: a quantidade de decibéis faz
  diferença?... 13
- Estudantes surdos em escolas para ouvintes............. 15
- Surdos e ouvintes: diferentes perspectivas?............. 21
- Surdez, estigma, preconceito e formações imaginárias...... 22

ATITUDES DECORRENTES DA ASSIMILAÇÃO DO
ESTIGMA, DO PRECONCEITO E DAS FORMAÇÕES
IMAGINÁRIAS NOS PROCESSOS DE INTERAÇÃO, LEITURA E
ESCRITA DE SURDOS.. 29
- Alienação e negação das dificuldades.................... 29
- Familiaridade e certeza..................................... 33
- Minimização, deslocamento e falseamento das
  dificuldades e preconceito de amor...................... 35
- Arrogância.. 37
- Preocupação com a aprovação............................. 38
- Superinterpretação e subinterpretação................... 40
- Certeza de incapacidade e autodepreciação............. 46

O SURDO TEM, DE FATO, DIFICULDADE DE ABSTRAÇÃO?......... 51

SURDEZ, LEITURA E ESCRITA.................................... 61
- Surdez, leitura e escrita: os problemas fundamentais são lexicais
  e sintáticos?.. 61

- Letramento e surdez... 63
- Práticas escolares de leitura e escrita dos surdos............... 66
  • Práticas escolares de leitura e de escrita: escolas de surdos e escolas regulares.. 66
  • Práticas de leitura e de escrita decorrentes de intervenção familiar... 69
  • Práticas de leitura e de escrita decorrentes de acompanhamento pedagógico extraescolar... 76
  • Práticas de leitura e de escrita dos surdos e de suas famílias........... 77
  • Práticas de leitura e de escrita dos surdos oralizados e de suas famílias... 80
  • Práticas de leitura e de escrita dos surdos não oralizados e de suas famílias... 83
  • Relações entre oralização e letramento................................... 87
- A prática da leitura oral.. 91
  • A prática da subvocalização... 94
  • A relação oralidade-escrita no caso dos surdos....................... 95
  • A língua de sinais na construção dos sentidos em relação à leitura e à escrita.............................. 100

A EDUCAÇÃO BILÍNGUE: EDUCAÇÃO PARA A MUDANÇA.......... 111

O BIMODALISMO NA EDUCAÇÃO DOS SURDOS..................... 121
- O bimodalismo e a leitura.. 141

CONCLUSÃO... 147

ANEXOS... 148

REFERÊNCIAS... 152

Introdução

Fundamentalmente, minhas questões vêm de meu trabalho com educação de surdos e educação especial por quase duas décadas no Brasil.

Como terapeuta ocupacional, trabalhei em programas de transição de jovens e adultos da escola para o trabalho, aconselhamento profissional, desenvolvimento de competências sociais e em programas clínicos. Essas experiências possibilitaram análises críticas de processos de aprendizagem e de construção da autonomia. O trabalho com crianças seriamente incapacitadas muito me ajudou a pensar nas sérias implicações da utilização de modelos clínicos na Educação.

Como professora, trabalhei com crianças, adultos e adolescentes surdos em escola pública de ensino básico, em um contexto onde muitos possuíam a crença de que não eram capazes ou inteligentes o suficiente para aprender. Isto confirmou meu interesse em entender sobre as condições que envolvem a construção do conhecimento, o aprender e o ensinar.

Também os alarmantes resultados escolares dos surdos me instigaram, bem como a recusa do fracasso escolar, por grande parte de seus educadores. Testemunhando a mesma atitude ao longo dos anos, como um genérico e quase universal padrão no campo da educação dos surdos, venho perguntando-me através de quais mecanismos a contradição é recusada e como sistemas de crença trabalham para manter a percepção de que a realidade não mudou, quando há evidência contrária.

Outras experiências fomentaram o desejo de entender outros temas, que também trato neste segundo livro. Entre eles, como uma nova proposição política opera fazendo crer que há um novo paradigma, quando não há. De que modo o preconceito, o estigma e o poder constituem marcas na interação de pessoas estigmatizadas. A estas somam-se minhas perguntas sobre como é mantida a ideia da supremacia de uns sobre outros. Como, por exemplo, se sustenta a ideia de que ser ouvinte e usar uma língua falada é ser um tipo especial de pessoa? De que modo a necessidade de acesso à língua falada se converte em argumento para advogar a oralização dos surdos como condição de letramento, ou para tentar transformá-los em ouvintes?

Abordo o caso dos surdos por ser fruto de grande parte de minha experiência de trabalho e pesquisa[1], porque traz consigo muitas contradições e porque é marcante no campo a ideia de normalizá-los. Seja através da inclusão escolar, seja através de outras formas, muitos surdos constituem identidades que se miram na opressão e que passam a considerá-la necessária ao crescimento pessoal.

Perguntar é se pôr a pensar sobre a realidade. Sobre o que vemos e o que ouvimos os outros dizerem. Ou calarem. Uma primeira abertura face à realidade, quando ficamos inesperadamente afetados, ao percebermos algo inédito, diferente ou

---

[1] BOTELHO, P. *A leitura, a escrita e a situação discursiva de sujeitos surdos: estigma, preconceito e formações imaginárias*. Faculdade de Educação. Universidade Federal de Minas Gerais, 1998. (Dissertação de Mestrado)
BOTELHO, P. *Segredos e silêncios na educação dos surdos*. Belo Horizonte: Autêntica Editora, 1998.

absurdo, até então não notado, e que nos coloca em *pasmo* (ROCHA DE PAULA, 1994, p. 66-7).

Esse movimento de notar a realidade, perceber suas ambiguidades, transcender o óbvio, captar os sentidos dos gestos, das palavras e dos silêncios é dependente de uma descrição densa da realidade, em oposição à uma descrição superficial: implica em aprender a distinguir quando um movimento de contração de pálpebras para piscar representa um sinal conspiratório, um tique nervoso, ou alguém que imita uma das duas piscadelas (RYLE, apud GEERTZ, 1978, p. 15-7). Em outros termos, fazer pesquisa é saber reconhecer as diferentes piscadelas.

De novo há que salientar que o caso dos surdos constitui o caso por circunstância profissional. Nada tem em si de exótico ou inédito. Por ser uma ilustração, pode vir a iluminar práticas profissionais em outros campos.

VARIÁVEIS INTERVENIENTES E NÃO INTERVENIENTES NA CONSTRUÇÃO DA LINGUAGEM, DO LETRAMENTO E DA INTERAÇÃO

Grau de perda auditiva: a quantidade de decibéis faz diferença?

A perda auditiva tem sido considerada, por alguns, variável interveniente nas possibilidades de sucesso escolar dos surdos. Acreditam alguns que um surdo profundo tem maiores dificuldades pedagógicas em comparação àquele cuja perda auditiva tem grau menos acentuado e que, teoricamente, tem resultado escolar e pedagógico mais satisfatório.

Todavia, quando se concebe a surdez como uma experiência visual, a classificação das perdas auditivas segundo o grau não é fator determinante dos resultados. Discordam desta afirmação aqueles profissionais que advogam modelos clínicos para os surdos, para quem ignorar a classificação dos graus de perda auditiva é, no mínimo, falta de embasamento científico. Obviamente, a contestação faz parte da situação argumentativa, em busca de adesão à ideia. Também tem como propósito salvaguardar espaços no mercado de trabalho, pois, se a impropriedade do modelo clínico é notada, terão de ser fechados consultórios, em escolas e em outras instituições[2]. Os adeptos da ideia da relevância das perdas auditivas para a proposição de modelos educacionais ou para a diferenciação dos resultados pedagógicos desconhecem completamente o fato de que os surdos se orientam a partir da visão, ainda que com seus restos auditivos, maiores ou menores, façam algum uso das pistas acústicas. Em minha experiência de quase duas décadas trabalhando com surdos, também acompanhei, no âmbito pedagógico, adolescentes com perdas auditivas leves e concomitantes dificuldades cognitivas. Como declara com propriedade Sanchez (1996, p. 19), os hipoacústicos frequentemente não compreendem o que dizem seus professores ouvintes nas escolas regulares onde são alunos e, por isso, fracassam. Também não têm uma identidade definida – não sabem se são surdos ou ouvintes – e estão comprometidos certos níveis de abstração, pois não desenvolvem linguagem completamente. Embora consigam sobreviver nas escolas para ouvintes, o fazem graças a enormes esforços e à indulgência de seus professores. Estes acobertam suas dificuldades e os promovem a níveis escolares mais avançados, independente de obterem o resultado previsto para a promoção, mantendo a ilusão de ausência de problema.

Insistir em uma classificação por graus de perda é uma forma de desvio de questões que são de fato importantes. Quando decidi escolher sujeitos surdos profundos em minha investigação[3] tive como objetivo não afastar-me do que é relevante, caso não me ativesse à variável do grau de perda auditiva, e tivesse de ser "gentilmente convidada" a lembrar-me disto e ter de discutir a respeito.

---

[2] Os profissionais ignoram que o mercado não os elimina e, sim, passa a exigir deles outros papéis profissionais de importância na educação dos surdos.

[3] BOTELHO, P. *A leitura, a escrita e a situação discursiva de sujeitos surdos: estigma, preconceito e formações imaginárias*. Dissertação de Mestrado. Faculdade de Educação. Universidade Federal de Minas Gerais, 1998.

Tomar um detalhe não essencial como essencial é um erro de consequências sérias, entre elas, permanecer alheio às contradições. Um surdo que tem uma perda auditiva leve pode ter as mesmas ou mais intensas dificuldades que um surdo profundo. E, enquanto se argumenta exaustivamente se falta um ou vinte decibéis, a maioria dos surdos continua iletrada, e essa discussão irá perdurar tanto tempo quanto se mantiverem as mentalidades daqueles educadores que aspiram transformar os surdos em ouvintes.

Estudantes surdos em escolas para ouvintes

Estudar em escolas para ouvintes faz parte das expectativas de muitos surdos e de seus pais. O ensino regular constitui, em algum momento, uma espécie de oásis num deserto árido de chances para os surdos. Ou, então, a resposta mais integradora que um estudante surdo pode ter (Viader, 1997). Muitas vezes é constatada a precariedade do resultado, por não serem os surdos falantes da língua que circula na sala de aula. Alguns insistem na permanência na escola, que se mantém às custas de proteção, acobertamento das dificuldades e outras astúcias.

Um argumento comum a favor do ingresso do surdo em escolas comuns é que as escolas para surdos são onerosas. Assim também supunha Graham Bell e outros educadores oralistas, no século XVIII, especialmente na Alemanha e na França. Por volta de 1828, o Ministério da Educação da Alemanha determinou que, no curso dos dez anos seguintes, disporia de todas as facilidades para educar os surdos no sistema de ensino regular em todas as províncias. Ocorreu, porém, o contrário do que se esperava; trinta anos depois, Hill, um dos maiores defensores do Oralismo naquele país, era obrigado a admitir o fracasso da proposta, embora explicasse o fenômeno como decorrente da má aceitação dos surdos pelos professores das escolas regulares. O fracasso não foi atribuído à comprovação do escasso aproveitamento escolar, e as contradições foram ignoradas (Sanchez, 1990, p. 66). Não é o que ocorre na atualidade? Toma-se como necessária e suficiente a formação do professor e a adequação do sistema educacional, estimulando o ingresso dos surdos em classes com alunos ouvintes, com o oferecimento de garantias constitucionais e toda a sorte de seduções, em contrapartida. Todavia, mesmo que os professores sejam bem preparados, mesmo que conheçam a cultura surda e a língua de sinais, ainda assim não é suficiente, pois não existe uma mesma língua, compartilhada, circulando na sala de aula e na escola, condição indispensável para que os surdos tornem-se letrados.

A história de Frederico, filho surdo de pais surdos, retrata como determinadas experiências escolares reforçam estigmas e outras mentalidades em relação à surdez e aos surdos.

Tendo feito o pré-escolar em uma escola regular, não se esquecera como era ser aluno ali. Não gostava da escola, onde quarenta outros alunos eram ouvintes e apenas ele era surdo. Verificando sua intensa dificuldade de acompanhar as aulas, a escola recomendou ensino especial. O pai recusou a ideia, por temer que a escola especial proporcionasse contato mais frequente do filho surdo com a língua de sinais e negligenciasse o aprendizado da fala. Embora o pai e toda a sua família fossem surdos e a língua compartilhada fosse a língua de sinais, ela era estigmatizada. Adquirira a mesma concepção do opressor que lhe educara, e insistia, assim, que Frederico estudasse em escola regular – "Não aceito. Escola normal. Precisa desenvolvimento". É verdade que em sua história pessoal conhecera as baixas expectativas das escolas especiais. Por isso preferia o massacre à baixa oferta.

A saída de Frederico da escola regular foi vivenciada como expulsão, por recusa à surdez. Logo depois, Frederico ingressou em outra escola regular. Por ser pública e, portanto, gratuita, a família entendia que a escola não poderia expulsá-lo, mesmo sendo surdo.

Para o pai, o fundamental era lutar pela aceitação da surdez, porque considerava ausentes os problemas de natureza pedagógica.

Demorou muito a notar que Frederico não aprendia, e que havia sofrimento, como também ocorre em tantas outras histórias de surdos. De fato, a escola manteve Frederico até que ele próprio pedisse para sair, porque sentia falta de colegas surdos com os quais pudesse compartilhar o que se passava no universo escolar.

Enfim, o pai de Frederico conhecera as escolas especiais e, portanto, as temia. Mas porque Frederico sentia falta de colegas surdos o pai rendeu-se ao pedido. Também por constatar que os resultados de Frederico no campo da linguagem oral eram insatisfatórios: falava "igual papagaio", suas respostas eram muito controladas e não tinha fala espontânea fora das sessões de fonoaudiologia.

Uma das razões que explicam porque muitos pais procuram as escolas regulares para seus filhos surdos é que a opção da educação especial oferece um modelo não pedagógico, que subestima os surdos e suas capacidades cognitivas: "Não adianta ela ficar aqui. Ela tem que ir para uma escola que... ela já deixou todo mundo pra trás. Ela não tem nem condição de ficar numa escola onde estuda só surdo. Porque a gente dá uma coisa e ela já sabe no outro dia. Então ela tá sempre na frente." (Mãe de Eliana, relatando explicações da escola especial). Este e outros fragmentos de discurso refletem o desejo dos pais de verem a escola investir em seus filhos surdos. As escolas especiais, baseadas no modelo clínico, que entende a surdez como déficit e doença, reduzem as expectativas de aprendizado dos estudantes surdos. Somam-se a este contexto outros equívocos – como o de achar que ter colegas surdos compromete o aprendizado, ou que ouvintes aprendem mais rápido do que surdos e por isto é melhor tê-los como colegas.

Na escola especial, os problemas também não eram poucos, mas para Frederico o importante era estar entre aqueles que falavam uma língua que ele dominava, a língua de sinais. Além disso, alguns professores usavam alguns sinais e, ainda que não completamente satisfatório, era melhor e menos confuso do que na escola regular. Assim, os surdos são frequentemente obrigados a escolher entre o pior e o "menos ruim" porque não têm acesso ao que precisam e merecem. Ainda que na escola especial encontrem outros pares surdos e com isso adquiram competência na comunicação através da língua de sinais, as escolas especiais para surdos estão a quilômetros de distância da oferta pedagógica necessária, quando há alguma.

Para alguns pais, o caráter de "especialização" das escolas especiais cria a ilusão de que a natureza "especial" do ensino soluciona as dificuldades dos surdos, como ocorreu no caso de Denise. Essa perspectiva baseia-se em formações imaginárias, que geram, por sua vez, certa obnubilação da consciência. Provém de um raciocínio mágico, que considera aproblemático o cotidiano escolar dos surdos, porque estão em escolas denominadas especiais e consideradas, portanto, inteiramente preparadas para sua instrução.

Na escola regular, outros casos repetem as mesmas histórias: "'Não, mamãe, não adianta cursinho pra mim não; eu não entendo nada [...]'; ela levava até o gravador, chegava aqui eu repassava pra ela [...] mas, pra ela não... então ela estudava em casa." (Eliana se matriculara num cursinho preparatório para o vestibular).

Mesmo tentando suprir as lacunas com certas ofertas, os problemas persistem. Os professores e os colegas são ouvintes e falantes de uma língua oral que circula o tempo todo na sala de aula e as estratégias pedagógicas são típicas daqueles que se orientam a partir da condição de oralidade: "mesmo estudando pelos livros [...], chegava na prova, caía coisa que eu não tinha visto com ela. Era muito mais o que os professores falavam. Aí ela ficava frustradíssima, ela tinha estudado feito uma doida, ia mal, sem ter culpa" (mãe de Rita).

O sistema não pode oferecer as condições pedagógicas porque, por princípio, ninguém fala a mesma língua (no plano da linguagem e também no da metáfora). Além disso, não há como utilizar língua de sinais e língua oral simultaneamente, por razões de ordem linguística.

Sendo impossível acompanhar a totalidade da interação verbal em sala de aula, muito frequentemente os surdos utilizam a *simulação de compreensão*, estratégia para evitar a tensão na comunicação e para que passem despercebidos (HIGGINS, 1980, p. 156). A simulação acaba tornando as coisas piores, porque aparenta ausência de problemas e reforça o equívoco de que a escola regular é possível para o surdo.

Tentando compensar e acompanhar o ritmo dos colegas ouvintes, os surdos entram em ritmo desenfreado e consomem o próprio tônus vital: "A Rita, pra dar conta, estava ficando doente. Teve problemas de estômago, intestino, a pele dela estourou inteirinho, ela começava das 6 da manhã até meia noite, todos os dias, pra dar conta. Estava dando conta, mas a esse preço. Eu acho que ela podia fazer o mesmo caminho sem ser tão pressionada. Ela não tava conseguindo ir ao shopping, passear, ter uma vida adolescente normal. E ela ficava naquela cobrança, se perdia uma média, ela chorava, ficava desesperada" (depoimento da mãe).

Todavia, mesmo quando o ritmo não é exageradamente frenético, ainda assim se sentem perdidos. É sugerido que os surdos podem fazer o mesmo caminho dos ouvintes. A realidade mostra que não, a menos que os surdos tenham língua de sinais compartilhada na sala de aula e na escola, entre outras condições. Também sugere-se que certa pressão garante o sucesso na escola regular, embora o uso do superlativo ("sem ser tão pressionada") tente atenuar o problema da pressão. É importante lembrar que a pressão é algo nunca dispensado para aqueles surdos que querem permanecer nas escolas regulares. Reconhece-se que muita pressão é prejudicial, mas acredita-se que "um pouco" é necessário e não tão opressivo. Apesar da constatação das consequências da pressão, ela não perde seu valor, e o problema é minimizado ou eliminado, mesmo quando os resultados dos surdos são pequenos, ou nulos. "Foi muito forçado. Mas não conseguiu nada. Quase matamos ele... ", conta o pai de Carlos, com a expectativa de que ele "aprendesse qualquer coisa, que ele adaptasse à escola [...] Ele não gostava de jeito nenhum da escola. Ia obrigado, mesmo. Reclamava que não entendia nada, ia mal mesmo em tudo".

Outra consequência da permanência dos surdos em escolas regulares é que situações de dificuldade de aprendizado passam a ser compreendidas como decorrência de problemas cognitivos: "A professora xingava demais. 'Esse menino não aprende nada!...' Eu judiava muito dele. Dava até vontade de rachar a cabeça dele e pôr as coisas dentro da cabeça dele. Eu pelejava com ele, não deu conta não" (pai de Carlos). Tais formas de pensar são calcadas em falsas definições, que arrasam a expectativa em relação às capacidades dos surdos, e reforçam crenças preconceituosas em relação à surdez.

Mas mesmo com trajetórias escolares tão angustiantes, muitos surdos aprendem a ocultar o sofrimento. Esta atitude de resignação e alienação é especialmente notada nos surdos oralizados, comparativamente aos não oralizados, e é consequência de um processo de "[...] assimilação acrítica a um modelo nunca claramente explicitado" (BEHARES, 1993, p. 36).

Esse ocultamento de pressupostos não poderia ser diferente, quando se está o tempo todo exposto a um sistema de crenças baseado no desejo de normalização. Esse temor de não ser como todo mundo produz argumentos que fazem violentos e vergonhosos apelos emocionais:

> Será que alguém pode, licitamente, negar aos surdos seu *legítimo direito* de utilizar sua audição, de aprender a língua falada em seu país, de integrar-se à sociedade? [...]. Que as pessoas que [...] de algum modo interferem na vida de um surdo, pensem na enorme responsabilidade que têm em relação a eles. Que pensem que uma oportunidade tirada ou não oferecida poderá implicar em um prejuízo irreparável em sua vida e em sua integração. (COUTO-LENZI, 1997, p. 25; grifo da autora)

Discursos dessa natureza têm a finalidade de gerar culpa e comiseração em relação aos surdos.

Incitam os surdos ainda ao ressentimento em relação aos ouvintes, como se suas vidas houvessem sido obliteradas por eles, quando não lhes foi oferecida a escola regular como possibilidade de vir a ser pessoa. A opressão é tão violenta que acarreta o que Allport (1962, p. 165-171) descreve como *identificação com o opressor*. Os surdos, vítimas da opressão, muito frequentemente, são os mesmos que hoje consideram que valeu a pena ser oprimido.

Surdos e ouvintes: diferentes perspectivas?

Repetidas experiências opressoras dos surdos em contextos educacionais e em outros espaços explicam os climas de temor e desconfiança na sua relação com ouvintes.

Alguns temores se originam de formações imaginárias, guiadas pelo suposto risco da opressão, mesmo que de fato ela não ocorra, além do ressentimento em relação ao que os ouvintes já fizeram ou podem vir a fazer. Mesmo quando não há opressão, muitas vezes é mantida a concepção do ouvinte como inimigo. E porque temem a opressão, mantêm uma atitude de reserva em relação ao ouvinte, mesmo que a exclusão seja um espectro das formações imaginárias.

Durante as entrevistas que realizei para minha pesquisa, muitas vezes foi necessário provar que, mesmo sendo ouvinte, eu podia ser digna de confiança. Também havia em comum, no depoimento de vários surdos, a afirmação de um antagonismo entre eles e os ouvintes.

Contudo, porque a experiência humana é cultural, determina semelhanças em nossas formas de pensar e julgar. Valores são categorias socialmente compartilhadas, e o mundo é visto com as lentes da cultura, mesmo que as diversidades de nossas condições de ouvintes e surdos estabeleçam experiências diferenciadas. Mesmo sendo ouvinte, sei o que a opressão significa; por ser culturalmente semelhante, também conheço a opressão, sendo eu o sujeito que a exerce ou que é objeto dela.

A cultura é um conjunto de teias de significado que o próprio homem teceu (GEERTZ, 1978, p. 15). Encontramos esses significados em uso corrente quando nascemos, e eles permanecem em circulação após a nossa morte, com alguns acréscimos, subtrações e alterações parciais, dos quais podemos ou não participar. Enquanto vivemos, os utilizamos para nos auto-orientarmos (p. 57). As utilizações que cada um de nós faz recorrem basicamente às mesmas fontes culturais, o que origina a semelhança das experiências humanas.

Entretanto, é surpreendente a facilidade com que concluímos que temos diferenças intrínsecas, e que não somos os mesmos. Não somos idênticos, mas somos os mesmos. Não me refiro à diferença que organiza a experiência social, como no caso dos surdos, que a pautam fundamentalmente em torno da visão, o que gera uma série de implicações pedagógicas e políticas. Refiro-me à afirmação da existência de uma suposta diferença entre as pessoas, inerente às mesmas (BUENO, 1996). Esta assertiva é falsa no meu entender, e tem o intuito de manter a desigualdade e dividir as pessoas entre melhores ou piores, boas ou más. Tais dicotomias, aprendemos em nosso processo de socialização, e nos fazem dividir o mundo, como se as vítimas da opressão não fossem de fato, opressores, e vice-versa, como se uma tesoura pudesse cortar algo sem uma de suas partes. A despeito de sermos ouvintes ou surdos, aprendemos a submeter, a oprimir. E as perspectivas que assumimos como educadores ouvintes não nos isenta da opressão, nem tampouco isenta os surdos de também exercerem a opressão em relação aos ouvintes.

Surdez, estigma, preconceito e formações imaginárias

Não saber ler e escrever representa, para muitas pessoas (e obviamente também para muitos surdos), estar em uma posição inferior. O ler e escrever é avaliado em um mercado de *bens simbólicos*, de modo que, dependendo do que a pessoa lê, dos autores lidos, e de outras condições de leitura, pode ou não se considerar e ser considerada uma pessoa de valor (BOURDIEU, 1996, p. 238).

No caso dos surdos, a menos valia se acentua com uma concepção de surdez como marca depreciativa, por internalização de estigma e de preconceito. Tal percepção produz sentimentos de incapacidade, e intensifica os temores em relação a como somos vistos pelos outros, criados pelas formações imaginárias.

A maior assimilação de estigma e de preconceito, e o maior grau de formações imaginárias em relação ao que supõem ser, parecem ser mais intensos no caso dos surdos oralizados. Se, por um lado, o intenso investimento da família e outros contextos contribuíram para a produção de resultados relativamente melhores em leitura e em escrita, também acarretou maior relutância na aceitação de limites e erros, depreciação frequente do próprio desempenho, preocupação com a aprovação do ouvinte e outras formas de pensar-se enquanto sujeito surdo.

Preconceito

O preconceito é uma atitude hostil para com uma pessoa que pertence a um grupo, pelo simples fato de ela pertencer a esse grupo (ALLPORT, 1962, p. 20-31). Distingue-se da concepção errônea, erro comum de juízo, o qual a pessoa modifica, à luz de novos dados. Os preconceitos são ideias que só se caracterizam como tais quando se mantêm impermeáveis a um conhecimento novo, e nenhuma contradição os perturba.

Para Bettelheim & Janowitz (1950), (apud ALLPORT, 1962, p. 249), o que regula o preconceito é o deslocamento inferior ou superior do status da pessoa na sociedade. Aparece, ainda, como decorrência da divisão dos grupos humanos, fenômeno cultural regido por vários princípios, entre os quais o de facilidade, menor esforço, e orgulho pela própria cultura (ALLPORT, 1962, p. 34). As pessoas tendem a se reunir com seus iguais em idade, classe econômica, nível de escolaridade; a conveniência é um fator que dita a coesão a determinado grupo, constituindo-o como um endogrupo. Não há, assim, necessidade de voltar-se para exogrupos a fim de buscar companhia. Em relação aos surdos, a necessidade de contato com os ouvintes (exogrupo) não é evidente, uma vez que parece ser mais confortável estar entre os que compartilham e são fluentes na mesma língua, a língua de sinais.

No endogrupo, também há pressão para que as preferências e os preconceitos sejam compartilhados, gerando conformidade. Pelo fato de que as pessoas que permanecem separadas em diferentes grupos possuem poucos canais de comunicação entre si, como também é o caso de surdos e ouvintes, exagera-se facilmente o grau de diferença entre os grupos, e rapidamente cria-se uma interpretação errônea acerca dos fundamentos dessa diferença. Esse separatismo promove as bases para todo tipo de elaboração psicológica, entre eles, o preconceito.

Além disso, porque a educação dos surdos vem sendo intensamente afetada pelo fechamento de escolas e pelas propostas de inclusão escolar, muitas lideranças surdas e outros membros da Comunidade Surda têm centrado suas preocupações no sentido da solução destas questões, o que cria, por outro lado, poucos canais de contato com os ouvintes, fazendo com que as ideias sobre os surdos demorem a mudar (GARCIA, 1999, p. 152-3).

A palavra preconceito sofreu várias modificações de significado através dos tempos, até adquirir sua matriz emocional atual, referindo-se a estado de ânimo favorável ou desfavorável que acompanha um juízo prévio e sem fundamentos. A predisposição não é necessariamente contra alguém, ela pode também ser "favorável" a alguém. Nesse caso, constitui preconceito de amor (SPINOZA, apud ALLPORT,1962, p. 41). Podemos encontrá-lo nas histórias de vários surdos.

O estado de ânimo desfavorável inclui sentimentos de desprezo ou desagrado, medo e evitamento do contato, assim como várias formas de conduta hostil, como falar mal, praticar algum tipo de discriminação ou atacar com violência. A pessoa recorre a uma amostra selecionada de umas poucas lembranças pessoais, mescla-a com rumores, generaliza em excesso e pensa mal sem motivo suficiente.

As pessoas que são excluídas desenvolvem defesas (ALLPORT, 1962, p. 161-182), entre as quais: aquiescência passiva; insegurança e obsessão em relação à própria característica;

alerta ou prevenção a priori, gerando uma postura agressiva e desafiante; dissimulação e aumento do "espírito de clã", uma espécie de solidariedade especial em relação às ideias mantidas por seu grupo. Assim pode ocorrer na Comunidade Surda, segundo Higgins (1980, p. 35-77), devido à exclusão dos surdos como um grupo cuja diferença fundamental é a língua compartilhada – a língua de sinais. A atitude difere, por outro lado, da constituição de gueto, ideia ainda associada ao modo de compreender a formação da Comunidade Surda. Ao contrário, a Comunidade Surda representa "o local de gestação da política da identidade surda" (PERLIN, 1998, p. 69), onde a busca é da afirmação da surdez como diferença, o que tem implicações políticas e educacionais.

Outras defesas, de certo modo opostas às anteriores, incluem o desempenho do papel esperado e a negação de pertinência ao seu endogrupo. Nesse caso, o sujeito torna-se assimilacionista, e assume que todas as minorias distinguíveis devem perder sua identidade o quanto antes. Partilha o juízo preconceituoso, e percebe seu próprio grupo com os olhos do grupo hegemônico, sentindo vergonha, ódio e repugnância pelos pares iguais.

Estigma

O preconceito mantém relação estreita com o estigma, termo criado pelos gregos para indicar

> sinais corporais com os quais se procurava evidenciar alguma coisa de extraordinário ou mau sobre o status moral de quem os apresentava. Os sinais eram feitos com cortes ou fogo no corpo e avisavam que o portador era um escravo, um criminoso ou traidor, uma pessoa marcada, ritualmente poluída, que devia ser evitada, especialmente em lugares públicos. (GOFFMAN, 1982, p. 11-13)

Posteriormente, o termo "estigma" foi ampliado, passando a incluir pessoas com as mais variadas diferenças. Porque as expectativas são normativas, se uma característica qualquer torna a pessoa diferente, tende a converter-se em estigma, impossibilitando sua inclusão numa categoria comum.

O estigma e o preconceito fazem parte de nosso mundo mental e atitudinal, tendo em vista que pertencemos a categorias – mulheres, negros, analfabetos, políticos, professores, judeus, velhos, repetentes na escola, pós-graduados, estrangeiros, desempregados, e assim por diante – que são recebidas com pouca ou muita ressalva por um exogrupo determinado. Por exemplo, uma mulher surda, pobre, negra, iletrada e não oralizada é muito susceptível à estigmatização social e internalização de estigma.

O estigma cria tensões e embaraços porque está fundado na crença de que o sujeito estigmatizado não é completamente humano (GOFFMAN, 1982, p. 15), e a pessoa não pode romper com a crença porque aprendeu a se ver com os mesmos olhos.

A diferença é percebida como chaga e se torna um segredo a ser escondido. A pessoa teme ser desmascarada, pois crê ser abominável. Por causa desse pressuposto, desenvolve técnicas de encobrimento, por meio da manipulação da impressão causada. Ainda segundo Goffman, a socialização da pessoa estigmatizada é marcada pelo controle das informações, pela família, evitando que ela se depare com definições que a diminuam, e insistindo em definições sobre sua normalidade. Por essa e outras razões, parece ser comum no caso dos surdos a ambivalência da vinculação com outros surdos.

Formações imaginárias

Na interação entre surdos e ouvintes, o afastamento pode ser recíproco.

A distância, quando não é criada por experiências reais de exclusão, é determinada pelas formações imaginárias em relação à possibilidade de exclusão.

De acordo com Pêcheux (1990, p. 82-85), as formações imaginárias designam "o lugar que A e B se atribuem cada um a si e ao outro, a imagem que eles fazem de seu próprio lugar e do lugar do outro", e também constituem-se por sensos comuns e estereotipados sobre a surdez.

A exclusão é algo que pode não ocorrer. Mas, por vezes, as formações imaginárias são tão intensas que produzem afastamento. Por temor de que suas atitudes possam ser avaliadas como exclusão, há situações em que o ouvinte não interage com o surdo. E este, por sua vez, também pode transformar uma possibilidade de exclusão em autoexclusão, também a partir da omissão: evita a proximidade ou desiste de tentar comunicar-se, por conclusões não positivas a priori sobre o ouvinte, sobre si mesmo, ou sobre ambos.

Atitudes decorrentes da assimilação do estigma, do preconceito e das formações imaginárias nos processos de interação, leitura e escrita de surdos

Além da ausência de uma língua plenamente constituída e à sua disposição, a escola e a educação que têm sido oferecidas aos surdos constituem fatores decisivos para a formação de uma autoimagem estigmatizada.

Ao mesmo tempo, estar face a face com o ato de ler, de escrever e de narrar estórias de vida para um interlocutor ouvinte, representa algo de uma densidade ímpar, especialmente para os surdos oralizados, expostos a uma educação que tema a oralização como fim em si mesmo, e que resgata um modelo não muito ameno do ouvinte. E como a experiência de ser surdo é lida muitas vezes por "mal traçadas linhas", vários fenômenos ocorrem, e sobre alguns proponho discussões.

Alienação e negação das dificuldades

De acordo com Bacon, diversos são os impedimentos ao conhecimento. Denominados *ídolos*, são como espectros que obnubilam a consciência, porque constroem conclusões que dificultam ou impossibilitam a ampliação do conhecimento acerca da realidade.

Um dos impedimentos são os *ídolos da tribo*, forma de pensar através da qual o homem tende a crer que todas as suas percepções refletem a realidade, e a desprezar os fatos que não estão de acordo com a ideia original (JONES, 1937, p. 286-290). Pensando no caso dos surdos, (mas não somente), auto-orientar-se por essa forma de pensar produz *alienação*, atitude daquele que não sabe, mas não sabe que não sabe. O problema não está no fato de o sujeito não saber, mas de não saber que não sabe, e ter a certeza de que sabe. Por essa razão constitui alienação, pois equivale a estar fora de si mesmo. E, quando algo não é entendido, junto com a certeza de ter entendido ocorre o desprezo pela mais ligeira hesitação, além da ausência de perguntas.

Conversava com Ricardo, surdo oralizado[4], sobre as razões por que interrompera a leitura do texto "Conversa Fiada"[5], em um determinado momento[6]:

> P: Teve uma hora que cê tava lendo, aí cê parou assim, um pouquinho. Que foi aquela hora que cê parou? Cê lembra?
> R: *Lembro.*

---

[4] Os surdos oralizados mencionados neste livro têm as seguintes demoninações (fictícias): Ricardo, Eliana e Rita. Os surdos não oralizados aqui se denominam: Frederico, Denise e Carlos. Todos foram informantes da pesquisa de BOTELHO, 1998. "Oralizados" refere-se aos que têm razoáveis ou boas habilidades de fala e de leitura labial, enquanto os "não oralizados" apresentam precárias habilidades. Todos são surdos profundos, e a faixa escolar a que pertenciam compreendeu da sétima série do primeiro grau ao primeiro ano do terceiro grau. As idades variavam entre 14 e 20 anos, o ensino especial e o regular foram parte de suas trajetórias escolares. Pertenciam a frações diferenciadas da classe média, e todos, com exceção de Frederico, eram filhos de pais ouvintes. Os graus de competência em língua de sinais variavam, e Ricardo era o único que não conhecia e utilizava a língua de sinais.

[5] Anexo n° 1. FRATE, Diléa. "Conversa Fiada". In: *Histórias para acordar*, São Paulo: Companhia das Letrinhas, 1996, p. 74.

[6] "P": Paula – "R": Ricardo

Ele de fato responde. Mas, na verdade, o que mais importa é o motivo da interrupção, e não se ele se lembra de ter interrompido, mesmo que isso seja parte da conversa. Um curto silêncio segue sua resposta, até a minha próxima pergunta. Embora breve, o silêncio é denotativo de que a pergunta não essencial fora tomada como a questão mais importante. Prossegui:

> P: Por que cê parou? Cê parou um pouquinho...
> R: *Não, é porque eu converso duas vezes.*
> P: Oi?
> R: *Eu leio duas vezes.*
> P: Não, não é isso. Essa segunda vez que cê tava lendo, teve uma hora, um momento aí, um pedacinho, que cê parou. Parecia que tava pensando. Por que cê parou?
> R: *Parei....*

Mais uma vez Ricardo não percebe que eu ainda estou perguntando sobre o motivo da interrupção, o que sua entonação e atitude demonstram. Aguardo mais um pouco e refaço a pergunta:

> P: Tô perguntando por que parou....
> R: *Ééé.... Porque....* [expressão de apuro com a pergunta]. *Porque eu li rápido, né, aí não tem tempo, né... Quando eu leio alto, em voz alta, entende melhor.*
> P: Mas.... o que você falou antes? Porque você tava lendo rápido....
> R: *Tava com dúvida, né....*[Riso]
> P: Que dúvida que cê teve?
> R: *Uai, tava lendo rápido, né...*
> P: Aí cê parou e pensou o quê?
> R: *Pensando... como é que era....*
> P: Pensou o quê?
> R: *Pra poder te explicar...*
> P: Aí cê pensou assim: "A Paula vai me perguntar..."?
> R: *Nãão. Foi isso não. Não, pode perguntar....!*

A mera sugestão de eu ter percebido sua apreensão faz com que ele a negue com veemência. Além disso, eu tentava esclarecer o que eu pretendia dizer, e era diferente do que ele supunha:

> P: Não, nessa hora cê pensou assim....
> R: *Nãããoo*....
> P: ... tô lendo rápido....
> R: *Não, né isso, não!*....
> P: Não, nessa hora, você pensou assim: 'Tô lendo muito rápido...'...
> R: *Eu leio muito rápido!!*
> P: Nessa hora...
> R: *Eu li muito rápido, tava com dúvida, tava pensando no que... no que eu vou explicar pra você. Mais com dúvida?*

A sentença "tô lendo rápido...", dava continuidade ao enunciado anterior – "nessa hora cê pensou assim.... tô lendo rápido..." – mas Ricardo nem percebeu, porque precisava interromper-me para negar o que ele achava que eu já dissera, sem saber o que era, porém certo de que sabia, embora desconhecesse que não sabia, e sem perceber que eu ainda não dissera tudo, e que tampouco eu pensava sobre sua velocidade de leitura, tentava esclarecer que as pausas na leitura do texto não eram reflexos de uma apreensão, mas somente de dúvida, coisas de praxe, ao mesmo tempo em que sua pergunta, no último enunciado, procura encerrar a conversa, ao mesmo tempo em que evidencia irritação e pequena consciência de si.

De braços dados com a alienação está a *negação*, que, como o próprio nome indica, consiste em negar que as dificuldades existem.

> R: *Eu sei o que que é* [referindo-se à tarefa de explicar o significado de certas palavras e frases], *mas... explicação, né.... Explicar eu não sei muito bem não, mas eu sei o que que é.*
> P: Cê tem dificuldade de explicar?
> R: *Nãããoo, eu não tenho dificuldade não.*

Familiaridade e certeza

Não saber e não saber que não sabe são atitudes que também têm como consequência transformar o que é familiar em algo suficiente à compreensão.

A *familiaridade* é um elemento importante no processo de compreensão, mas não é suficiente. Quando é tomada como suficiente, cria um sentimento de certeza. A *certeza*, por sua vez, cria um impedimento da dúvida acerca da hipótese, que deixa de se constituir como tal, no momento em que é convertida em conclusão.

No caso dos surdos, a familiaridade pode ser proveniente de uma pista cinestésica. A cinestesia é a sensação ou percepção do movimento do corpo ou de suas partes (WILEY, 1986); constitui um dos sentidos humanos que nos permite reconhecer certas informações, como utilizar as marchas do carro, enquanto dirigimos, sem precisar olhar para elas. É também através da cinestesia que os aprendizados de fonoarticulação e de leitura labial ocorrem para o surdo. O que é dito é reconhecido nos lábios de seu interlocutor não somente através das pistas visuais, como também das pistas cinestésicas; quando veem a língua falada, podem evocar em alguma medida a memória do movimento daquela palavra ou de certas frases ditas, e também o significado a elas associado.

No caso de alguns surdos que tiveram acesso à língua oral como primeira língua, a *subvocalização* é uma das estratégias utilizadas para evocar a memória cinestésica e o significado dos enunciados: repetindo em voz baixa, ou sem voz, para si mesmo, certas palavras ou frases, o sujeito surdo tenta reconhecê-las, sendo às vezes bem sucedido. No entanto, muitos surdos, particularmente os oralizados, parecem superestimar as possibilidades oferecidas pelas indicações cinestésicas da subvocalização. Identificando semelhanças entre vocábulos, podem chegar a conclusões inapropriadas, especialmente quando se guiam pela familiaridade. A subvocalização, ou "oralização oculta", parece ser inversamente proporcional à habilidade de ler, e surge como necessidade no caso de leitores não competentes, como é o caso das crianças aprendendo a ler (MCGUIGAN, 1973, p. 44-5).

Um bom exemplo aparece quando Ricardo tenta explicar o termo "*matam o tempo jogando conversa fora*", do texto "Conversa fiada":

> R: *Matar o tempo. Tem que matar o tempo. Tem que matar o tempo pra poder jogar conversa fora.*
>
> P: O que é "matar o tempo"?
>
> R: *Matar o tempo jogando conversa fora. Conversar fora. Entendeu? Conversar fora. Matar o tempo pra poder conversar fora. Certo?*
>
> P: Não entendi sua explicação. Matar o tempo é fazer o quê?
>
> R: *Matar o tempo... jogar conversa pra fora.*
>
> P: Esquece da "conversa fora". O que é "matar o tempo"?
>
> R: *Matar o tempo...* [Subvocalizou algumas vezes, identificando, cinestesicamente, a semelhança entre "matar" e "marcar", e concluiu que equivaliam do ponto de vista do sentido]. *Marcar o tempo. A mesma coisa. Matar o tempo, marcar o tempo.*
>
> P: E jogar conversa fora é fazer o quê?
>
> R: *Conversar lá fora.*

Quando a familiaridade faz par com a atitude de não saber que não sabe, contradições e estranhamentos são ignorados, pois o que importa é oferecer uma resposta, mesmo sem saber se ela é apropriada. Palavras são às vezes conhecidas, mas com significados que se aplicam a outros contextos. Assim acontece quando Ricardo explica o que é "exatamente no mesmo instante":

> R: *Exatamente no mesmo instante é o mesmo instante. Um exemplo... exatamente, exatamente, exatamente, exatamente, exatamente...* (subvocaliza cinco vezes a palavra "exatamente", enquanto mantém o olhar distante, procurando construir um sentido a partir da cinestesia), e acrescenta:

exatamente.... exatamente, exatamente, é o mesmo. É o mesmo lugar. Entendeu? Sabia. Conheço essa palavra.
P: O que é "exatamente"?
R: *É o certo.*
P: Agora, "exatamente no mesmo instante"?
R: *O certo o mesmo.... Instante é o lugar, né?.... Certo o lugar. O mesmo lugar. Aqui fala.*

Ricardo parecia conhecer um dos significados de "exatamente", mas tal como aprendera, não cabia naquele contexto. Não sabia o que era "instante", deduziu que fosse "lugar", e não fez nenhuma pergunta; ao invés de admitir que não sabia, afirmou com a certeza de quem sabia, sem saber que não sabia. Com a dúvida, havia chance de compreensão. Mas a dúvida é raridade quando há familiaridade, pois sua admissão é compreendida como humilhação e evidência de incompetência.

Minimização, deslocamento, falseamento das dificuldades e preconceito de amor

A *minimização* consiste em buscar argumentos que atenuam as dificuldades existentes, mesmo quando são admitidas.

Parece funcionar como um *raciocínio mágico*, que faz desaparecer a dificuldade. A magia do raciocínio consiste em minimizar a dificuldade para fazê-la equivaler a nada, o que seria o mesmo que torná-la inexistente.

Para Eliana, pessoa surda de reconhecido sucesso escolar, as dificuldades eram sempre restritas ao passado – "no começo foi difícil. Não conseguia interpretar [textos]" – embora admitisse a existência de problemas atuais – "a Faculdade pede temas abstratos... difícil... Economia Brasileira... ah, muito livro, muita revista, jornais...", mas em geral eram negadas ou rapidamente solucionadas – "Não. Nunca. Se tiver dificuldade, pego o dicionário". Para Ricardo, o texto "O monstro interior"[7]

---
[7] Anexo 2.

foi considerado "um pouco difícil", mas somente com muita relutância o admitiu, depois de ter considerado o texto "fácil, normal", embora o compreendesse pouco.

Um outro modo de lidar com o problema é através do que denomino *deslocamento da dificuldade*. Consiste em atribuir a dificuldade a uma terceira pessoa ou circunstância, para isentar-se dela, atitude bastante comum nos familiares de muitos surdos. A mãe de Eliana, por exemplo, preferia dizer que os problemas da filha surda na leitura eram seus a ter que admiti-los nela: "Não. Nunca teve problema. E eu tenho. Eu tenho um livro de Economia, eu falo: 'Ah, não, eu não consigo entender!...'". O deslocamento pode acompanhar a atenuação das dificuldades, como no caso acima, ao dizer que, se certos textos eram de difícil acesso para os ouvintes, que diria para os surdos.

Uma terceira forma é o *falseamento da dificuldade*: toma-se o problema como sendo algo de outra natureza: "Tem um tipo de leitura que ela não gosta mesmo, Clarice Lispector, mas é a leitura que fala mais de dentro. Ela comenta que é muito difícil esse negócio de expressão interior, pra dentro, sabe, então, a maneira da pessoa sentir, é... muito confusa pra ela entender,... porque, se às vezes a gente não entende nem a gente, como é que vai entender os outros..." (mãe de Eliana). Manifestações sobre preferência, e também sobre ausência de gosto ou de interesse, podem ser desculpas para as dificuldades, como na fábula "A raposa e as uvas", de Esopo, em que a raposa diz não querer mais as uvas que tentou por diversas vezes pegar sem sucesso. Apesar de mencionar as dificuldades da filha surda com aquele tipo de texto, a culpa é atribuída à natureza do texto literário, provocando um efeito de desestímulo sobre as pessoas, por demandar introspecção, sem ser cogitada a dificuldade com o mesmo.

O encobrimento das dificuldades pode se manifestar também através do *preconceito de amor*, como mencionado anteriormente. Representa um esforço para isentar o outro das dificuldades através do enaltecimento de suas qualidades. Isto é feito mesmo tendo sido a dificuldade negada e às custas de colocar o foco em um aspecto não essencial, embora relativamente importante.

Para a mãe de Denise, por exemplo, a filha surda escrevia bilhetes sempre muito claros, e o aspecto sucinto do texto era sinal de preguiça, mas não de incompetência ou dificuldade; embora necessária, a pontuação não constitui elemento essencial ou indispensável à inteligibilidade do texto: "ela escreve direitinho. Pontuação, em todos os lugares, cê entendeu, é uma coisa assim bem correta. [...] Ela é meio preguiçosa. Gosta sempre de resumir as coisas, cê entendeu, de preguiça de escrever, ela procura tudo resumir". Para a avó de Frederico, o neto surdo escrevia muito bem, e a qualidade da escrita era julgada a partir do aspecto estético, o que também não é o essencial: " a escrita dele é bem firme, já tá uma escrita adulta, a letra bonita. Engraçado, na escrita ele não comete quase erro".

Arrogância

Uma das respostas do sujeito surdo à estigmatização é o que, Allport (1962, p. 178) denomina *busca de símbolos de status*.

A busca de *status* pode ser vista na necessidade de afirmação de competências, e muitas vezes é um sinal de *arrogância*. Como as demais atitudes, é mais comum no caso dos surdos oralizados.

Quando Eliana avaliou porque fez recuperação em determinada época escolar, destacou ter sido sua própria deliberação: "Eu tomei...só porque eu quis, porque eu *quis*; porque eu *nunca* tinha tomado, então também deu pra ver como era, né?". Enfatizando a recuperação como uma escolha pessoal, e como algo que ela podia dar-se ao luxo de experimentar, tinha necessidade de afirmar capacidades, as quais pareciam contrapostas à surdez. "Todo mundo fala que meus olhos ficam... bate pra lá, pra cá, pra lá, pra cá. Eu leio muito rápido", foi uma outra resposta, quando supus que a leitura de legendas em vídeos fosse de difícil recepção para ela, dada a velocidade corriqueira de sua apresentação. Dizer de sua competência para perceber sutilezas

37

e as variadas formas escritas de expressão linguística, também era comum, como quando descreveu um livro que lera: "fala sobre AIDS, amizade. Mas não menciona uma palavra 'AIDS'. Fala 'a praga do século', mas não fala AIDS, não".

A arrogância, por vezes, é discreta e encoberta, outras vezes, bem nítida. Quando conversamos sobre o texto "O monstro interior", Eliana criticou a escolha do mesmo. Considerou que outro texto seria mais correto e apropriado às finalidades, e apontou a existência de lacunas que dificultavam a compreensão do leitor, mesmo sem ter o critério da definição apropriada e a humildade de reconhecer sua ignorância: "não está muito detalhado, os fatos são muito distantes. Fica pulando...". Também não cogitou que os dados que levantava podiam não ser importantes, nem dispensáveis à compreensão do enredo da história. E quando comentou sobre certos termos e expressões do texto, como "mundo horrível", considerou o termo usado muito vago – "mundo horrível de quê? Mundo horrível de viver, mundo horrível de... apreciar... É diferente" – e ao falar da expressão "mundo podre" – "tipo metáfora. Suaviza, mas também dá beleza ao texto. Fica bonito texto com o uso da metáfora" – foi notado um tom de ostentação e vaidade – o mesmo ocorrendo quando explicou o termo "morrendo de medo": "as pessoas que falam isso estão usando hipérbole".

Preocupação com a aprovação

A assimilação de estigma também se observa a partir da constante e aguda necessidade de aprovação, que consiste, no caso da interação dos surdos com o texto escrito, em uma apreensão sobre a avaliação que possa ser feita sobre suas competências de leitura e de escrita.

As formações imaginárias geram temores que originam a preocupação em ser aprovado, causam *vulnerabilidade* intensa e *desconsideração das próprias percepções*, a partir da imagem do ouvinte que internalizaram. Havia momentos na interação com Ricardo que bastava eu levantar uma dúvida qualquer para que ele eliminasse suas impressões a respeito do texto, e procurasse a resposta que pensava ser a certa, a que ele supunha que eu esperava, já que minha pergunta sempre constituía um sinal de que ele cometera erros.

P: O velho... Tem o velho e o menino, né? O velho era muito ocupado? Ele trabalhava?

R: *Não, não falou que... era o velho é um peixe...*

P: O velho é o peixe...

R: *É....*[olhou para mim, preocupado com sua resposta]

P: Não tem um homem velho?

R: *Tem, aqui, ó: o peixe do menino era muito velho. O peixe era muito velho?!!!* [expressão de absurdo]. *É novo, uai!! O peixe é novo!*

P: Aí tá falando?

R: [retornou ao texto, tentando procurar, e comentou: *"Fala: Ó: O peixe do velho era muito novo. O peixe é velho, era muito novo* [interrompeu a fala, releu o trecho onde supunha estar o que dissera, e acrescentou: *"Fala: tem um peixe, fala é velho. Outro peixe, fala é novo..."* [Ri].

P: Qual a diferença do peixe do menino pro peixe do velho?

R: *A diferença do peixe do ...*

P: Tem diferença ou não tem?

R: *Tem não... Tá certo?* [olhou para mim, apreensivo]

P: Não importa....

Em outro trecho:

P: Por que o velho e o menino se encontraram no lago?

R: *Porque o menino foi....* Retornou ao texto, e respondeu, com irritação: *"Porque o menino foi lá! Encontrou, uai!...*

P: O menino pescava igual ao velho, ou diferente?

R: *Os dois igual, né?....* [Olhou para mim, esperando aprovação, e disse: *Eu acho os dois pescaram igual.* [Consultou rapidamente o texto, e procurou demonstrar que estava tranquilo].

P: Da mesma forma, do mesmo modo?
R: *É. Mesmo....*
P: Depois que eles pescaram, o que eles fizeram?
R: *Nossa Senhora!...* [sensação de complexidade em relação ao texto, e retorno ao mesmo, seguido do comentário: *Depois que eles pescaram, jogou... Peraí... Xô ver um negó...* [consultou o texto] *Depois eles jogaram os peixe no lago.*
P: Por quê?
R: *Porque. Porque... porque perdeu tempo. Porque perdeu tempo de jogar a conversa fora. Entendeu?* [olha para mim, buscando confirmação].

A compreensão sobre o texto era, de fato, pequena. Mas a piora da compreensão é diretamente proporcional à preocupação em ser aprovado: quanto menos a pessoa confia naquilo que percebeu, e no que pensa que o outro acha que não compreendeu, menos compreende.

O primeiro texto escrito por Ricardo, após a leitura e discussão, aparece adiante (Texto1).

Ricardo entrega-o, mas rapidamente o toma de volta, considerando-o incompleto e, certo de que eu o avaliei negativamente, produz um segundo texto, sem ter sido solicitado. Efetua algumas mudanças, mas permance no constante temor de seu texto ser considerado lacunar (Texto 2).

Superinterpretação e subinterpretação

Além da preocupação com a aprovação, às formações imaginárias se atribuem, os fenômenos de superinterpretação e subinterpretação.

Uma imagem idealizada, mitificada ou atemorizada do ouvinte, e de seu julgamento, gera uma série de conclusões a respeito de si mesmos, enquanto surdos, e tem com o resultado a super ou a subinterpretação. Tais fenômenos parecem ocorrer frequentemente no plano da produção do texto escrito pelo surdo, e de sua interação entre surdos e ouvintes.

O homem está pescando o peixe no lago. O menino encontrou o vidro no lado a lado.

Fim

Conversa Fiada

História conta que o homem falava que não pode pescar o peixe velho. Porque deixa o peixe viver a vida.

Mas o homem é velho, o menino é novo.

Fim

Texto 2 - Ricardo

Podemos entender a *superinterpretação* a partir da imagem de superalimentação (CULLER, 1993, p. 132): "há uma alimentação ou interpretação adequada, mas algumas pessoas não param quando deveriam. Continuam comendo ou interpretando em excesso, com maus resultados". A *subinterpretação* é a não interpretação de suficientes elementos do texto. De acordo com Eco (1993, p. 57), a superinterpretação equivale à interpretação paranoide, que vê por debaixo do texto um segredo oculto.

Um dos motivos que parecem explicar a superinterpretação e a subinterpretação é que o sujeito entende alguma coisa do texto, mas considera o pouco que entendeu nulo, e sente necessidade de acrescentar, por acreditar que deve haver muito mais, ou que deve ser muito diferente do que percebeu. Nesse caso, a superinterpretação parece ser decorrente de uma visão estigmatizada de si, mas idealizada sobre os ouvintes e sobre os textos que são capazes de produzir. E porque são percebidos como perfeitos, os erros dos surdos passam a ser lidos como humilhantes desvios.

Na versão de Carlos sobre o texto "Conversa fiada", notam-se os acréscimos que ele fez: "Em primeiro lugar, um homem velho conseguiu pescar um peixe. Mas o peixe era pequeno e, muito irritado com isso, soltou o peixe da vara. Um outro homem, seu amigo, também pescava. Tinha fome, e havia pescado um único peixe. Mas porque era amigo dele, o homem velho lhe deu o peixe que havia pescado." Não constava no texto a irritação de um dos personagens, nem tampouco que um outro tinha fome. Acrescentou, ainda, que "... o velho lembrava estórias antigas sobre ocasiões em que pescava muitos peixes e também poucos peixes, em vários lugares em que fazia pescarias", e que "o velho dissera ao novo que ali era um lugar que tinha muito peixe para pescar, já que em outro local de pescaria, o menino havia perdido muitos peixes; ali ele iria pescar muitos peixes, como ele havia pescado. O menino agradece a dica e fica com o velho pescando e conversando, e consegue pescar." Também quando lhe perguntei como o velho e o menino se encontraram, disse que "o menino pediu muito ao velho que lhe mostrasse como fazer para pescar tantos peixes quanto ele pescava. Estava nervoso porque a pescaria estava fraca. Assim se tornaram amigos".

Nada do que dissera estava no texto. Quando pedi que localizasse no texto aquilo a que ele se referia, Carlos explicou que havia imaginado: "eu pensei sozinho...". É bastante provável que se sentisse envergonhado por não saber e que inventava coisas sobre o texto. Lera excessivamente rápido o texto, causando a impressão de que queria mostrar que o texto não oferecia nenhum tipo de dificuldade. Ao iniciar a leitura, confundiu a palavra "fiada" com "piada" e, mal havia começado a ler, riu e, no decorrer da leitura, riu outras vezes, mas foi evasivo ao explicar o que constituía motivo de humor. Parecia pensar que devia achar alguma coisa engraçada, porque, afinal, tratava-se de uma "piada". Embora não soubesse sobre o quê, supunha que devia rir. Desse modo, aparentando o não entendimento, reduzia a vergonha[8].

O texto escrito por Carlos também mostra a superinterpretação. (Texto 3)

A superinterpretação e a subinterpretação podem ser atribuídas, também, à inexistência, para o surdo, de um modelo consistente de linguagem e de língua. Na escrita, Charrow (1974, p. 183-4) observou que "os surdos usam basicamente as construções gramaticais a que tiveram acesso pelo ensino e de que conseguem lembrar-se, e utilizam-nas mediante generalizações impróprias e supergeneralização de regras"[9]. Se conhecessem a língua de sinais, os surdos utilizariam-na como meio de aprendizado de uma língua como o inglês. Como as diferenças não são cuidadosamente apontadas, e os surdos não têm a consciência

---

[8] Apesar das lastimáveis condições de aprendizado oferecidas aos surdos pelo sistema escolar, são dignas de louvor as estratégias de sobrevivência aprendidas por muitos. Se, por um lado, é triste a constatação de que Carlos ri em um momento que não cabe rir, é importante valorizar as capacidades que os surdos têm. Carlos aprendera algo sobre a cultura – que se deve rir quando se trata de uma piada – e se não pode aplicar o sentido ao contexto apropriado, é porque lhe faltaram as condições sociais e escolares de construção da leitura (ROBERT E. JOHNSON, 2002, Comunicação pessoal).

[9] Tradução da autora.

Bem-vindo, Velho estava pescando lugar para lago sentar hoje era um vez muito peixe. Velho viu outro pescando no menino sentia demora não conseguir do peixe, Velho vou conversar menino assistência para ensina pesca, menino já consegui um peixe, por que você consciência do lago, Velho Antes já estava jovem aprende pescar acostumada menino fazer igual Antes depois agora sabia aprendi para pescar. Menino conseguiu muito peixe, guardar pra balde levar minha casa para comer peixe querido aqui. Quando vou encontrar velho continuar junto pescar do lago. Aqui bom.

Texto 3 - Carlos

de que a língua de sinais, o bimodalismo e a língua escrita são três instâncias distintas, aplicam as regras de que dispõem e compreendem. Novamente tendo sido a língua de sinais desprezada, as consequências na leitura e na escrita são desastrosas.

Certeza de incapacidade e autodepreciação

As conclusões a respeito do que são, enquanto surdos, podem ser marcadas por uma *certeza intrínseca de menos valia*. A certeza se intensifica quando se comparam com os ouvintes. Não saber, ou ter qualquer dificuldade, produz uma certeza de incapacidade que destrói qualquer esperança em relação ao aprendizado e ao crescimento pessoal.

Carlos sentia-se permanentemente perturbado por não saber o significado de todas as palavras encontradas nos textos e classificava-se como "burro". Denise também se criticava duramente: "a cabeça é ruim" ou "minha língua de sinais é ruim".

Conta a mãe de Rita: "Muitas vezes ela escreve e não quer me mostrar. Diz ela: ´Mãe, eu vou fazer redação e você nem vai olhar e me corrigir, nem nada....´". Nas provas da pesquisa, Rita pediu que seus textos escritos não fossem mostrados à ninguém; e, quando comecei a lê-los, suplicou: "Não, por favor! Lê na sua casa! E não mostra pra ninguém!... Promete... Olha! Se você mostrar a alguém, nunca mais eu vou conversar com você na minha vida!...". Mesmo assegurado o sigilo e sua concordância prévia em participar, por um longo tempo resistiu, incomodada: "Todo mundo vai rir. Porque eu escrevo mal. Eu não acho, eu tenho certeza". Para Rita, aprender era possível para todos, exceto para ela: "muitas pessoas: você, eu.... eu não [aprendo] sou burra, eu não, minha mãe, meu pai, minha irmã... todas as pessoas. Menos eu. Eu não consegui, eu não sei nada! Eu tenho certeza. Absoluta. Totalmente". E vivenciava uma discrepância entre sua idade e seu resultado na escrita: "Eu acho que tem dois anos". Embora sua produção textual tivesse problemas, não correspondia à avaliação opressora que fazia de si. (Texto 4)

Valentini (1995, p. 68) também observou atitudes semelhantes nos sujeitos surdos de sua pesquisa. Em geral, cada vez que levantava perguntas sobre seus processos de revisão textual, "todo questionamento conduzia a uma implicação significante, ou seja, o aluno surdo considerava que houvesse existido um erro anterior cometido por ele". Embora a atitude decorra de um aprendizado escolar coercitivo, como sugere, também se origina das comparações com o ouvinte, visto como superior e ao mesmo tempo censor e ameaça constante. A perspectiva gera preocupação obsessiva, um estado onipresente de ansiedade, porque há o sentimento difuso de uma ameaça qualquer, eminente, e um julgamento depreciativo, a todo o momento.

O autoajuizamento depreciativo interfere de fato nas ações do sujeito e gera consequências verdadeiras, porque funciona como *profecia autocumprida* (MERTON, 1948 apud ALLPORT, 1962, p. 180): o que pensam que somos determina, em certo grau, o que somos e seremos. Por extensão, as certezas que o sujeito tem a respeito de si mesmo determinam, de certo modo, o que será e produzem resultados aquém da capacidade. Porque Denise execrava a qualidade de sua interpretação do texto, o resultado tornava-se ruim de fato; ela não se esmerava, assim, em ser clara e falava sobre o texto sem o mínimo de confiança de que poderia fazê-lo com a clareza necessária, porque já iniciava em processo de desistência. Em outros momentos, começava sem problemas, mas aos poucos sua interpretação ia se tornando vaga, à medida em que ia considerando suas respostas inadequadas. Suas explicações eram sempre reforçadas pelo comentário "eu acho", pretendendo salientar que emitia apenas uma opinião, já que as chances de um equívoco eram percebidas como enormes.

Frederico, o filho surdo de pais surdos, também lidou com a escrita nas provas da pesquisa como se travasse uma verdadeira batalha para escapar do que tomava como incompetência pessoal intrínseca. A todo momento dizia que detestava escrever, e que

Quando um idoso não tinha nada para fazer, resolveu pescar alguns peixes no lago. Ele foi e viu o novo também foi pescar os peixes. Os dois estavam segurando a vara sendiu a picodinha, puxeu com a força. O idoso pegou o peixe era muito novo e o novo pegou um peixe era muito velho. O idoso percebeu e disse que ele está muito velho, que tem pouca vida, deixa ele vive o resto da vida. O novo também falou que o peixe era tão novo, viveu a pouco tempo, deixa vive mais pouco.

  Os dois fizeram amizade, quando o dia não tem nada para fazer, eles voltam para o lago.

Texto 4 - Rita

Português era muito difícil. Tinha problemas especialmente para iniciar, e contou o quanto estava acostumado a perguntas de múltipla escolha. Tentou convencer-me de que seu texto era sempre desorganizado e confuso, além de ser evidente a vergonha em relação ao que escrevia. Narrou uma estória sobre uma escola regular onde fora aluno, quando a professora solicitara a leitura de um livro. Era "grosso", contou Frederico, e não entendeu nada; por isso, desistira. Um mês depois a professora pediu um resumo do livro, em uma prova; Frederico limitou-se a escrever o título, entregou a prova e tirou zero. Frederico também aprendeu a pensar que os surdos, em geral, nunca escrevem textos grandes, pois essa tarefa seria inacessível. Comparava sua fluência em língua de sinais com sua incompetência para escrever e, na interpretação de leitura, travou a mesma batalha para mostrar-me que entender era inacessível e que o que dizia sobre o texto era apenas sua impressão, e não o que realmente era. Ao mesmo tempo, Frederico tinha condições de dar respostas mais satisfatórias, mesmo havendo compreendido apenas parcialmente o texto. Mas não se apropriava de suas alternativas de pensamento, e a frequente observação "Eu acho, eu acho...." como Denise também fazia, deixava bem claro que não contava consigo. Os temores foram tantos que Frederico recusou participar de outras entrevistas de pesquisa, e sua irmã justificou suas ausências: "ele falou que não gosta de texto, não gosta, não gosta. Ele falou que da outra vez você deu um papel em branco e pediu pra ele escrever o que ele tinha lido. Isso ele não sabe fazer. Eu sei porque na escola dele não tinha isso. Era só coisa de marcar X. Na minha escola, que é normal, é diferente, tem, e eu sei[6]. Mas eu sei que na dele não tinha.". Estas e outras experiências dizem o quanto a educação pode alimentar sentimentos de incapacidade quando ignora que sem língua e linguagem não é possível para os surdos ler e escrever.[10]

---

[10] A irmã de Frederico era hipoacúsica e estudava em escola regular.

O SURDO TEM, DE FATO, DIFICULDADES DE ABSTRAÇÃO?

A constituição dos sujeitos surdos é dada também por sua inserção em práticas pedagógicas.

Em especial na abordagem oralista, a oferta educativa orienta-se pela concepção de que linguagem e língua são capacidades viáveis somente se há um sistema de signos vocais, como sugere Dubois et al. (1978, p. 387-388), e outros autores.

Este equívoco vem sendo mantido também porque na situação interativa entre surdos e ouvintes há um mercado de *bens linguísticos* (BOURDIEU, 1996), no qual a língua oral é autorizada e legitimada, enquanto a língua de sinais é desprestigiada e classificada como arremedo de língua, sistema grotesco, simiesco e primitivo, já que esse mercado é de caráter logocêntrico. Os surdos têm estado, assim, permanentemente em contato com um *discurso ouvintista* (SKLIAR, 1998, p. 15), que se caracteriza como um "conjunto de representações dos ouvintes, a partir do qual o surdo está obrigado a olhar-se e narrar-se como se fosse ouvinte", onde aprendem que falar é a única forma de se equiparar aos ouvintes e onde ser ouvinte passa a ser meta para muitos surdos. Colonizadores, tais discursos permeiam relações de poder entre ouvintes e surdos.

Adotada em um grande número de escolas especiais, brasileiras e estrangeiras, a organização do conteúdo curricular nas práticas oralistas reflete *baixas expectativas pedagógicas* (JOHNSON, LIDELL & ERTING, 1989; SKLIAR, 1997). A longa duração das etapas ou séries escolares reflete essa mentalidade e a conclusão do ensino fundamental em grande parte das escolas de surdos demora muito mais tempo do que o esperado e consentido para um estudante ouvinte.[11] Um dos argumentos é o da necessidade de respeito ao ritmo do aluno. Frequentemente, a ideia se apresenta como paradigma de uma pedagogia moderna, mas encobre outros propósitos, já que ao professor é permitido oferecer o mínimo ao surdo, tendo as aulas programadas segundo um ritmo, sim, mas, do professor, em contextos escolares permissivos e sem exigência.

A metodologia de ensino é frequentemente pautada no ensino de palavras, pensando a linguagem como um aglomerado de vocábulos.

Este conjunto de atitudes é respaldado pela crença de que o surdo tem dificuldade de abstração, justificando oferecer doses homeopáticas e de pouca qualidade de informação e escolarização, e repetir essas frações durante dias, meses e até anos, dependendo do conteúdo.

Quando não são oralistas, as escolas aderem à Comunicação Total. Em ambas direções, o modo como a atividade de abstrair vem sendo compreendida traz implicações para os surdos, o que merece análise.

Nas décadas de 60 e 70, quando a Psicologia começou a estudar as condutas consideradas patológicas, classificando-as, descreveu os comportamentos de pessoas que sofriam as

---
[11] O que é bastante comum no caso brasileiro.

consequências da exclusão social, entre as quais os surdos, e contribuiu para afirmações que estabeleciam que

> os surdos eram mais neuróticos e introvertidos que os ouvintes; imaturos e irritáveis; dependentes, inseguros, apáticos, ansiosos e desconfiados; egocêntricos, impulsivos e sugestionáveis, e com respostas que em certas circunstâncias sugeriam reações psicóticas (SANCHEZ, 1990, p. 81)[12],

sem cogitar que as condutas não se originavam da surdez, mas sim das dificuldades de comunicação que os surdos enfrentavam.

Reforçada por influentes psicólogos da linguagem da época, como Myklebust, circulou a crença na natureza diferente do pensamento do surdo, tomado como concreto, menos ou nada abstrato, comparativamente ao pensamento dos ouvintes. Os reflexos desse equívoco geraram estigma até a atualidade e quando o surdo apresenta dificuldades para ler, escrever ou não se oraliza como o esperado, recorre-se à explicação da concretitude de seu pensamento. Mas, entre os surdos, os pesquisadores e os educadores, raramente – ou nunca – há uma língua comum. Portanto, as deformações abundam, decorrentes da projeção das dificuldades no surdo e omissão do educador enquanto parte do processo educativo.

As dificuldades de abstração, quando existem, relacionam-se com experiências linguísticas e escolares insatisfatórias. Não há nenhuma limitação cognitiva inerente à surdez, mas muitas conclusões distorcidas vêm sendo feitas há muito tempo. Entre elas, a de Iran-Nejad, Ortony & Rittenhouse (1981), por exemplo, em estudo sobre a compreensão de metáforas, concluindo que as crianças surdas seriam capazes de compreendê-las se suas tendências para interpretar literalmente fossem neutralizadas em sessões práticas.

O que falta aos surdos, sem sombra de dúvida, é o acesso à uma língua que dominem e que lhes permita pensar com todas as

---

[12] Tradução da autora.

complexidades necessárias, disponíveis como são para qualquer um. Frequentemente, quando adquirem essa língua – a língua de sinais – raramente a compartilham com seus professores. E à exceção de poucos que a utilizam na educação de surdos, a maioria dos professores utiliza a comunicação verbal e o bimodalismo (uso de fala e de sinais, o que não constitui uma ou mais línguas).

A ausência de comunicação traz vários problemas, mas são encontrados artifícios para encobrimento do conflito. Não são poucos os professores que afirmam a incapacidade de abstração dos surdos sem nunca perguntar qual a parte que lhes cabe no processo educativo. Também conhecer como e através do que pensamos, pode contribuir para uma mudança de atitude.

A referência de Geertz (1978, p. 57) me parece a mais esclarecedora: pensar não é um acontecimento cerebral (embora estruturas cerebrais sejam necessárias ao ato de pensar) e, sim, o ato de recorrer a um montante de símbolos, que estão disponíveis em uma espécie de tráfego: imagens visuais, auditivas, olfativas, táteis, gustativas, cinestésicas e proprioceptivas, em trânsito, e também palavras faladas, escritas, sinais e outros símbolos constituem esse conjunto de "objetos em experiência, sobre os quais os homens imprimiram significado" (p. 227).

A ideia de tráfego tem embutida em si um conjunto simultâneo de acontecimentos. Utilizarei essa ideia para me remeter à metáfora do trânsito urbano e para, através dela, tentar oferecer uma imagem compreensível para o leitor sobre a origem e natureza da atividade de pensar, além de refletir como ocorre também no caso dos surdos.

Algumas mais, outras vezes menos tumultuado, o pensamento é como o trânsito de um típico centro urbano, onde circulam carros, ônibus, metrô, bicicletas, animais, motos, nas diversas avenidas e ruas transversais, pessoas de todo o tipo, sons os mais variados possíveis e tantas outras coisas. Sujeitas à hora do dia, ao dia da semana, aos eventos sociais, ao clima e a tantos outros fatores, essas mesmas ruas e avenidas às vezes estão de diferentes modos.

À semelhança do trânsito urbano, o pensamento é um tráfego de símbolos – sons, imagens visuais, olfativas, táteis, cinestésicas, gustativas, proprioceptivas, palavras faladas, palavras escritas. E, se há disponível língua de sinais, ao tráfego usual são acrescidos outros signos linguísticos, os sinais.

A trama de símbolos se constrói de modos diversos. Assim, pode acontecer, quando voltamos para casa depois de um longo dia de trabalho e nos lembramos de uma tarefa para o dia seguinte, a construção verbal (mas não verbalizada) de uma sentença como "oh, nossa senhora, ainda tenho que preparar a aula de amanhã...". Com essas mesmas palavras, ao mesmo tempo visualizamos a sala de aula, os alunos, a aula acontecendo, a cama onde preferíamos estar descansando ou, ao invés das palavras mentalmente faladas, nos ocorrem apenas imagens visuais, misturadas a sons, enquanto também visualizamos mentalmente o texto escrito que será parte da aula do dia seguinte. Esse seria, assim, um dos possíveis arranjos, entre milhares de outras possibilidades de combinação simbólica. Para pensar na aula de amanhã ou no que quer que seja, precisamos ter, assim, os símbolos a nosso dispor.

Além de imagens sensoriais de toda espécie, com significados culturais a elas associados, o sistema simbólico inclui símbolos linguísticos sofisticados: as palavras faladas, as palavras escritas e, no caso de muitos surdos e ouvintes, os sinais das línguas de sinais. Pensamos, assim, com o que dispomos. E por essa razão a língua de sinais é fundamental para o surdo, já que lhe dá outras condições de pensar, diferentemente daquele surdo que dispõe de fragmentos de uma língua oral. Sistemas simbólicos disponíveis são *ingredientes* do ato de pensar e não apenas meios de expressão do pensamento.

Para vários autores, o pensamento, a abstração e outras atividades cognitivas dependem predominantemente – ou exclusivamente – de linguagem verbal e da língua oral. Este é

55

um equívoco, porque não constituem o único ingrediente do pensamento, nem o melhor, mas apenas um deles:

> Falar [...] está longe de ser a única instrumentalidade pública disponível para indivíduos projetados num meio cultural preexistente. Fenômenos como o de Helen Keller (surda e cega) aprendendo a pensar através de uma combinação da manipulação de objetos culturais tais como canecas e torneiras e a padronização propositada de sensações tácteis em sua mão, ou uma criança que ainda não fala desenvolver o conceito de número ordinal ordenando duas linhas paralelas de blocos combinados, demonstram que o essencial é a existência de um sistema simbólico, de qualquer espécie. (GEERTZ, 1978, p. 91)

Considerar que o ato de pensar só é possível se se dispõe de palavras, ou seja, que o pensamento é de ordem exclusivamente verbal, pode ter como conclusão, se levarmos a premissa até as últimas consequências, que o surdo que não fala não pensa. Embora absurda, é uma concepção em vigor e consensual entre muitos educadores e teóricos. O surdo que aprendeu a língua oral, a língua escrita e a língua de sinais, e a(s) domina parcial ou totalmente, além dos outros símbolos não linguísticos, tem todo esse arsenal à disposição.

Por essa razão é fundamental que os surdos adquiram a língua de sinais, aquisição que deve ser precoce: não dispor de nenhuma língua, ou apenas de fragmentos de uma, compromete os processos de abstração e generalização. Como é bastante comum, muitos surdos não adquirem a língua de sinais a não ser tardiamente.

Uma outra consideração quanto à abstração é que os símbolos se ordenam em categorias, constituídas por suas características comuns. E são as línguas – orais, escritas e de sinais – sistemas linguísticos que organizam com sofisticação as várias categorias.

As categorias facilitam a comunicação entre as pessoas e a organização mental. Se não dispomos de categorias para nomes, idades e outras informações, um diálogo simples pode se transformar em uma árdua batalha. Em outros termos, se, ao perguntar a alguém seu nome, eu tiver que citar vários outros nomes pessoais, elementos da categoria "nome", esperando que o interlocutor infira a categoria a que me refiro, a conversação se tornará longa e exaustiva. Pude observar várias vezes que muitos surdos conhecem elementos de várias categorias, mas não necessariamente os nomes das categorias que as designam. Um surdo com dificuldades neste âmbito seria capaz, por exemplo, de dizer que gosta mais de azul do que de verde, mas sem compreender a pergunta sobre qual a cor de sua preferência.

Embora, a meu ver, equivocado em sua concepção de que a natureza do pensamento é verbal[13], Luria define com clareza a abstração e a generalização como propriedades do ato de pensar.

A *abstração* é a atividade cognitiva de selecionar atributos de uma categoria. A *generalização* é a atividade de subordinar objetos a uma categoria geral (LURIA, 1990, p. 65-77). No exemplo anterior, dizer a cor que preferimos é fazer uma abstração. Generalizar e abstrair, por sua vez, podem expressar graus diversos de complexidade cognitiva em várias situações da vida cotidiana.

Ser capaz de mudar de uma categoria para outra é uma das características principais do pensamento abstrato, também denominado *pensamento categorial*.

Em determinada ocasião de meu trabalho como professora do ensino básico para surdos, propus um trabalho em classe que incluía colagem de figuras. Havia um grupo de quatro estudantes surdas, dentre as quais duas com idades entre 11 e 13 anos, com poucas habilidades em língua oral e em língua de sinais, e há vários anos na escola especial. Uma delas encontrou a figura de um gato e reconheceu-a como "miau"; a outra indignou-se com a resposta insistindo que não era "miau", mas, sim, "mimi". Apresentei, então, uma alternativa que incluía ambas

---

[13] Como outros autores, entre eles Vygotsky.

definições, porque afinal um gato é a soma das duas, mostrando que diziam respeito ao mesmo objeto. Fizera uma generalização, subordinando as características apontadas a uma categoria geral denominada "gato". Mas a recusa de minha definição foi consensual e, além da conclusão de que o equívoco era meu, reafirmaram, cada uma, o mesmo de antes. Perseveraram em suas certezas não por serem surdas, ou porque tivessem problemas cognitivos. Não dispunham plenamente de uma língua e, em decorrência, de uma organização conceitual categorial abundante e variada, que possibilitasse levantar hipóteses, discuti-las, e desestabilizar o conhecimento que possuíam quando apresentei uma alternativa que não excluía as duas respostas e que, portanto, representava uma novidade para elas.

A educação dos surdos não tem oferecido condições favoráveis de acesso às complexidades cognitivas. Além de professores e alunos surdos não compartilharem uma mesma língua, e muitos surdos não serem fluentes em língua de sinais, a preocupação central em muitas escolas ainda é o ensino de palavras. E as palavras, por sua vez, não fazem sentido como pertinentes a uma categoria comum, tampouco se relacionam com um tema significativo.

O quadro se agrava com o pressuposto de que as dificuldades de abstração são decorrência de um tipo de pensamento considerado concreto e inerente à surdez. Um silogismo é estabelecido e supostamente determina a solução do problema, através de uma relação de causa e efeito. O silogismo é do tipo "o surdo tem pensamento concreto, logo, necessita de material concreto para aprender". Toda a espécie de objeto disponível na escola passa a ser utilizado, ou o professor os traz de casa, esperando resolver os problemas de compreensão dos estudantes surdos. Ao estabelecer a conclusão de que esta é a condição necessária para o aprendizado dos surdos, o professor a toma, ao mesmo tempo, como condição suficiente. E equivaler o necessário ao suficiente é estabelecer um raciocínio mágico.

Além disso, o objeto concreto nem sempre é necessário. Aprende-se sobre a realidade através da experiência direta, do contato direto com objetos, mas não somente, ou principalmente, através dela. A hipervalorização da utilização de material concreto na educação de surdos é decorrente da crença de que a surdez demanda aprendizagem predominante ou exclusivamente por via direta.

A aprendizagem de surdos e de ouvintes se faz de muitas maneiras, e não somente pela experiência direta, mediante contato com a realidade, pelos órgãos dos sentidos.

Aprendemos também, e em enorme medida, pela experiência indireta, isto é, através da linguagem, sem necessariamente haver contato direto com o objeto. Podemos aprender a partir da advertência verbal de nossos pais que a corrente elétrica existe e provoca choques, sem precisar tocar nela. Terá o surdo que tomar choque para aprender sobre a corrente elétrica?

A linguagem existe também, entre outras razões, para que não seja necessário tornar presente toda espécie de realidade. Podemos aprender Geografia sem termos de visitar uma planície e um planalto. Podemos conhecer um pouco da China sem embarcar em um avião e ir até o Oriente. E, como enfatiza Sacks (1990, p. 141), nos processos de abstração e de generalização, o concreto nunca é perdido e, sim, visto de uma posição mais rica, ampla e com conexões inesperadas. E o surpreendente da língua de sinais, como também enfatiza, é a possibilidade que veicula de ida e volta do concreto ao abstrato, facultada pela iconicidade.[14]

Além disso, o significado de "concreto" é, muitas vezes, associado à ideia de primitivo, de modo que as práticas pedagógicas também são reflexo do modo como a surdez e ser surdo são compreendidos. A ausência ou precariedade de

---

[14] Propriedade de evocação da imagem que representa. Um sinal da língua de sinais parece com o que significa; por exemplo, o sinal de "casa", na LIBRAS (Língua Brasileira de Sinais) se parece com o formato do telhado de uma casa.

linguagem oral é frequentemente tomada como sinônimo de uma outra espécie de pessoa, uma outra evolução. São feitas, assim, associações entre ser surdo, primitivo e concreto.

Nada muda se os problemas são atribuídos à surdez, sem que a educação e as práticas pedagógicas se tornem objeto de dúvida.

Enquanto isso, os surdos, sem compreender por que estão subeducados, se autoatribuem um estigma de incapacidade. Alguns desistem, mas muitos permanecem, em passividade, convivendo com um discurso que atesta ser muito o pouco que recebem, por haver muitos surdos que nada têm.

SURDEZ, LEITURA E ESCRITA

Surdez, leitura e escrita: os problemas fundamentais são lexicais e sintáticos?

Não ter vocabulário costuma ser considerado um dos problemas centrais do surdo. King & Quigley (1985, p. 59) mostraram os baixos resultados dos surdos nos testes de vocabulário, assim como Fusaro & Slike (1979), Griswold & Cummings (1974), Hatcher & Robbins (1978), Fernandes (1990) e muitos outros.

Quando não apontam dificuldades lexicais, muitas pesquisas sugerem que os problemas principais são sintáticos, como muitas pesquisas, especialmente nos anos 70 e 80, mas ainda acontecendo atualmente (Quigley, Wilbur, Montanelli & Steinkam, 1976, apud King & Quigley, op. cit.). Outras indicam que a ausência de materiais específicos de instrução é nuclear ou sugerem soluções emergenciais. Wilbur, Fraser & Frutcher (1981), por exemplo, investigando a compreensão de linguagem figurada, chegaram à conclusão de que se as expressões idiomáticas fossem memorizadas, o vocabulário e a sintaxe não confundiriam os surdos. Alguns estudos conjeturam ausência de problemas e, como Page (1981) e Houck (1982), consideram que há compreensão quando há suficiente informação contextual no material escrito, colocando o problema na tipologia textual.

Também para muitos surdos, a "pobreza de vocabulário" é a origem das confusões. De fato, muitos desconhecem palavras e expressões básicas e cotidianas da língua escrita. Ainda com referência aos textos da pesquisa, todos os surdos, com exceção de Eliana, não conheciam palavras e termos muito comuns, como "podre", "inseguro", "apareceram", "cumprimentam", "revólver", "terror". De modo geral, os surdos consideraram os textos de difícil compreensão, justificando isso pelo vocabulário. Por outro lado, o que identificaram como vocabulário desconhecido era menor do que o montante que não apontaram, mas desconheciam. Os demais informantes da pesquisa (professores e pais) também achavam que as dificuldades dos surdos eram lexicais.

À perspectiva de construção do sentido do texto está associada a ideia do domínio de palavras. Os surdos se habituam a parar nas palavras desconhecidas, como se o sentido fosse lexicalizado.

Todavia, um montante lexical disponível não resolve os problemas de interpretação e produção textual, pois mesmo quando conhecem as palavras, não sabem considerar o contexto: "Ele parou no 'acarretou', veio verificar se o 'sobrinho' ele tava compreendendo certo, e o 'rotina'. Ele veio verificar se 'rotina' e 'sobrinho' ele sabia: 'Tá certo?'." Ricardo, junto com a psicóloga, tentava entender a carta da namorada, que contava sobre o nascimento de um sobrinho dela. Ricardo parava nas palavras, e procurava saber se estava no caminho certo. Mas vasculhava cada uma das palavras em separado, e independentes do contexto em que estavam. A expressão "sem perder tempo" no texto "Conversa fiada", significando "sem demora", não tinha o sentido que Ricardo conhecia: "Sem perder o tempo. Sem... Sem perder o t.... Vai achar que vai perder o tempo, o horário. Três horas. Quando é 2:45, não vai perder o tempo. Esse é o tempo [Mostra o relógio] Não vai perder o tempo. Outro exemplo: "Vou assistir um jogo. O jogo é às 5.

O trânsito tá muito cheio. Às 4: 30, cê vai perder o tempo não. Porque tá chegando no Mineirão. Não vai perder o tempo. Cê vai chegar o horário certo". Embora conhecesse as palavras "perder" e "tempo", elas constituem outro significado, quando em uma expressão idiomática.

Quando os surdos procuram recorrer ao contexto, às vezes são desencorajados; o contexto é tomado como um acessório, ou solução adotada face à falta de alternativa imposta pela ausência de um vasto vocabulário, e não como uma condição para a compreensão: "eu vejo que a interpretação dela [Rita] é de contexto. Eu tô sentindo que ela dá conta de fazer uma interpretação pelo contexto, o que é uma ajuda. [...] Atualmente ela ainda não sabe muito vocabulário, mas dá conta de ler e pegar o sentido." (psicóloga de Rita). A concepção de que a língua consiste, fundamentalmente, em léxico, e que opera através dele, parece subjazer tais pontos de vista em relação à ideia de contexto.

Como tem sido enfatizado, os problemas decorrem da ausência da língua de sinais como uma língua de domínio pleno, que permita aos surdos uma outra perspectiva em relação à língua escrita.

Letramento e surdez

Letramento é o estado daquele que não só sabe ler e escrever, mas que também faz uso competente e frequente da leitura e da escrita, e que, ao tornar-se letrado, muda seu lugar social, seu modo de viver na sociedade, sua inserção na cultura (SOARES, 1998, p. 36-7).

Letramento ultrapassa, pois, habilidades de codificação e decodificação de signos escritos e pressupõe usos da leitura e da escrita, comportamentos centrais no mundo atual. É dependente de condições, entre elas, escolarização real e efetiva e disponibilidade de material de leitura (SOARES, 1998, p. 58).

Certas definições, como a da UNESCO (1978), enfatizam a funcionalidade do letramento, estabelecendo que, se a pessoa pode participar de todas aquelas atividades nas quais o letramento é necessário para o efetivo funcionamento de seu grupo e de sua comunidade, e se ser letrado a capacitou para continuar usando a leitura, a escrita e o cálculo[15] para seu desenvolvimento e o de sua comunidade, então ela é funcionalmente letrada (SOARES, 1998, p. 73).

Outras definições enfatizam o letramento como uma construção de natureza política, com a utilização social da leitura e da escrita como forma de tomar consciência da realidade e transformá-la, o que não tem acontecido no caso dos surdos, inseridos em uma pedagogia que os imobiliza politicamente (MASSONE & SIMON, 1999, p. 68), e que não se compromete com sua inserção em uma sociedade cada vez mais dependente e centrada na escrita e na leitura. Há, também, pouca compreensão, da parte dos educadores, sobre as diferenças radicais entre letramento e alfabetização.

Especialmente em países desenvolvidos, o letramento vem sendo avaliado em termos de níveis, tais como letramento básico e crítico, letramento funcional e integral, letramento geral e especializado, letramento domesticador e libertador, letramento descritivo e avaliativo (SOARES, 1998, p. 81-110), e assim seria necessário falar de letramentos, no plural. Também vem sendo sugerida uma classificação dos níveis de letramento, baseada em graus, a saber: não letrado, pouco letrado, letrado mediano e altamente letrado.

O letramento refere-se a uma

> multiplicidade de habilidades de leitura e de escrita, que devem ser aplicadas a uma ampla variedade de materiais de leitura e de escrita (SOARES, 1998, p. 112)

o que torna sua definição, avaliação e medição uma tarefa complexa. Envolve, ainda, ser membro da instância promotora do letramento – a Escola.

---

[15] Segundo algumas definições de letramento, saber fazer uso do sistema numérico faz parte do leque de habilidades esperadas de uma pessoa letrada.

A Escola, em geral, origina adultos capazes de comportamentos escolares de letramento, mas incapazes de lidar com os usos cotidianos da leitura e da escrita em contextos não escolares (SOARES, 1998, p. 86),

promovendo o que se configura como letramento escolar. Isso parece explicar a preocupação com certos níveis de iletrismo da população nos países desenvolvidos, que possuem jovens e adultos com problemas para lidar com as demandas de leitura e escrita decorrentes de seu trabalho, atividades domésticas e atividades em sua comunidade.

No caso dos surdos, os processos de escolarização não estão voltados para a construção de sujeitos letrados. E como problema adicional, as escolas de surdos desconsideram que aprender a fazer uso competente, constante e hábil de leitura e de escrita, é inteiramente dependente da aquisição de uma língua, a língua de sinais, e de linguagem. Isto permitirá desenvolver competências na leitura e na escrita, sendo esta última uma língua com a qual os surdos não se relacionam tendo como suporte a oralidade, na sala de aula e fora dela, como fazem os ouvintes. Além disso, as políticas educacionais denominadas inclusivas, bem como os programas que advogam a integração dos surdos no ensino regular, privilegiam sua interação com ouvintes, dando mínima ou nenhuma ênfase à construção do letramento. São contextos onde os surdos não compartilham plenamente a língua oral que circula na sala de aula e na Escola, tampouco o letramento foi estabelecido como objetivo.

E finalmente, não resta dúvida de que ser letrado é dependente do estabelecimento de práticas sociais de leitura e de escrita, que dizem respeito ao que, quando, com quem ou por intermédio de quem, onde, quanto e por que as pessoas leem e escrevem, e retratam interesses e competências construídas.

A inserção em práticas de leitura e de escrita também é dependente das representações dos surdos e de suas famílias sobre o significado de ler, escrever, estar na escola e ter progressão escolar, e das representações sobre a surdez e a linguagem, e da existência de uma língua compartilhada que permita comunicar sobre as vantagens e o prazer que podem decorrer das atividades de ler e de escrever.

Práticas escolares de leitura e escrita dos surdos

As práticas escolares destinadas à construção da leitura e da escrita nas escolas regulares, comparativamente às práticas oferecidas pelas escolas de surdos, ainda que com suas deficiências, são quantitativa e qualitativamente superiores.

Consequentemente, os surdos que são estudantes de escolas regulares têm acesso à uma oferta de leitura quantitativa e qualitativa maior.

Todavia, as condições de permanência do surdo nas escolas regulares são mínimas, como tem sido discutido. O que se propõe mostrar neste capítulo é a diferença das ofertas pedagógicas como uma condição para o letramento.

Muitos surdos desenvolvem práticas de leitura e de escrita, e seus resultados constituem indicativos de letramento escolar, com maiores competências para ler e escrever, em diferentes graus, permitindo-lhes usar socialmente a leitura e a escrita e servir-se delas para finalidades individuais e sociais. Os surdos que não estão imersos em tais práticas pouco usam socialmente a leitura e a escrita, apresentando outros resultados.

Práticas escolares de leitura e de escrita: escolas de surdos e escolas regulares

As atividades nas escolas de surdos têm sido historicamente centradas no ensino da fala, e não no da leitura e da escrita.

Na escola de Carlos não eram indicados livros e outros materiais de leitura, conforme descreve ele. Não havia demanda de estudo e de tarefas extraescolares, e com o sinal de "menos", da LIBRAS, ele descreveu a baixa exigência. Carlos lembra a estrutura dos exercícios e provas, baseada sempre em múltipla escolha, e nunca em questões abertas. A demanda de leitura, mínima, com utilização predominante de livro didático: "aparece algum livrinho de vez em quando, de Português. Muito difícil... É livro de fazer trabalhinho na mesa, de Português. Uma estorinha, uma coisa assim. Já foi cobrado deles lá, né... Eles não ligam muito pra isso não...." (pai de Carlos).

A mãe de Frederico, também surda, passara pelo mesmo que ainda passa boa parte dos estudantes nas escolas especiais para surdos: exposição a conteúdos escolares simples, incessantemente repetidos, e ausência de exigência escolar para progressão, causando uma permanência longa na escola. "Brava, muita revolta, brava", descreve, indignada com a baixa expectativa. Não havia Geografia e História, enquanto Português resumia-se a textos curtos e simples, além de muito ditado. A estória de Frederico repetia a da mãe: pouco "para casa", nenhum trabalho de grupo, nenhuma pesquisa escolar. Denise também mencionou a raridade do "para casa", e a pouca ênfase em Português. Mas sua professora de língua portuguesa considerava justa a redução da oferta, baseada em uma concepção deformada sobre a abstração do surdo, e seus modos de aprendizado: "Às vezes não dá pra ver o conteúdo todo, porque é trabalhado de uma forma bem mais lenta do que em uma turma de ouvintes. O que seria explicado em uma aula só, pra um ouvinte, eu tenho que levar umas três aulas pra dar aquele conteúdo pra eles". Ainda segundo a professora, a cada bimestre os alunos liam um livro, e a leitura era avaliada mediante discussão oral, quando ela fazia perguntas sobre o mesmo. Entretanto, nas entrevistas, quando os sujeitos eventualmente confirmaram que leram algum livro, disseram que pouco ou nada entenderam.

A intensa ênfase dada à Matemática também aparece nas declarações dos surdos, contrastando com a redução do ensino de Português. É quase óbvio o que representa maior facilidade para o professor nas práticas das escolas de surdos: por não ter uma língua compartilhada com os estudantes surdos, o professor leva vantagens com a diferença do montante de escrita e leitura envolvido no ensino de Matemática, comparativamente ao ensino da leitura e da escrita. Como há mínimo controle e rigor de sua ação, além de endosso institucional, é legítimo oferecer o mínimo e por ênfase onde bem entender.

Em nenhuma das escolas de surdos, em época alguma, houve uma língua compartilhada entre os estudantes surdos e professores ouvintes. Ocasionalmente, havia uso de sinais por alguns professores. Essa situação comunicativa influencia diretamente as práticas de leitura e de escrita. Entretanto, os surdos muito frequentemente se contentam com condições mínimas e precárias, tentando adaptar-se à situação escolar. Quando Frederico relatou técnicas muito sofisticadas usadas por ele e pelos colegas surdos para "colar" nas provas e nos exercícios, foi possível perceber que os professores não faziam a mínima ideia das estratégias de comunicação, perdendo, assim, ricas oportunidades de interação e intervenção escolar.

A ausência de uma língua comum também gera a não participação do estudante surdo nas aulas. Frederico não prestava atenção às aulas, mas aos colegas, querendo conversar com eles. Problemas disciplinares também podem ser compreendidos à luz desse contexto.

As escolas regulares, diferentemente das escolas de surdos, de modo geral incentivam bastante a leitura, e peso é dado à compreensão do que é lido. Recontos criativos de livros lidos e práticas de produção e revisão textual também são frequentes. Há exigência de trabalhos de pesquisa e entrevistas, individuais e em grupo, com apresentações em sala de aula, oferta rica e variada de textos de várias tipologias, como o narrativo, dissertativo, poético, injuntivo, entre outros. Nas escolas de surdos, os textos são de complexidade pequena.

Tais condições não eliminam as dificuldades e impedimentos dos surdos inseridos nas escolas regulares, cuja exigência parece ser maior especialmente nas escolas privadas. Como aqueles que estudaram nas escolas de surdos, também não tinham uma língua compartilhada com seus professores. As habilidades em língua oral, quando presentes, não eliminavam os problemas que enfrentavam para participar das práticas escolares, nem constituíam argumento para sua inserção. O que se pretende destacar é que a exposição a uma oferta de leitura e de escrita, rica e variada, é de suma importância, e a oferta é notadamente menor, ou ausente, nas escolas de surdos.

Práticas de leitura e de escrita decorrentes de intervenção familiar

O maior ou menor investimento das famílias dos surdos em relação ao aprendizado e à oferta de leitura e de escrita constitui uma variável muito importante.

De acordo com Sirota (1994, p. 128), o modo como a família pensa a escolarização de seus filhos é decorrente de expectativas de classe social. Mas parece também explicar-se por formas de pensar a linguagem e a surdez.

Segundo Nogueira (1991, p. 90-96), a classe média baixa mantém uma atitude contraditória ante o processo de escolarização de seus filhos, achando que a escola é positiva porque instrui e socializa o indivíduo, e o diploma é o meio de escapar de condições de vida precárias e de aspirar a um lugar não desqualificado socialmente. Contudo, consideram a escola negativa, porque lhes parece permissiva, pouco vigilante, ao mesmo tempo em que percebem que as oportunidades de sucesso não são as mesmas para todos. A crítica dos pais ao ensino é pouco comum, como se se sentissem incompetentes para fazer essa crítica. E embora não haja indiferença de sua parte, há uma antecipação de que são pequenas as chances de uma escolarização prolongada para seus filhos.

Na classe média média, por sua vez, "a criança representa um investimento por meio do qual se garante a manutenção da posição de classe média ou se prepara o ingresso nas elites" (Nogueira, 1991, p. 97). Mas há ambiguidades em relação ao significado da escolarização, e nas atitudes para com a escola e para com seus filhos. Em especial na fração mais próxima das classes populares, não há muito empenho; não é comum a prática de acompanhar tarefas escolares ou de estimular os filhos a estudarem em casa. Para Frederico, por exemplo, não cabia aos pais assisti-lo nas questões escolares, porque esse era um papel reservado à escola.

Já nas frações assalariadas da classe média, é onde talvez esteja o mais alto grau de ambição escolar: "sua propensão a investir esforços no trabalho escolar pode até mesmo, em certos casos, superar a das próprias classes dominantes" (NOGUEIRA, 1991, p. 101), decorrente de intensa expectativa de ascensão social.

Nas elites, altos investimentos são feitos na escolarização dos filhos. Há frações sociais na elite que são mais bem dotadas em capital cultural e menos providas materialmente, e há aquelas que têm maior capital econômico. Nas primeiras, quanto maior o capital cultural dos pais, maior o investimento na escolarização dos filhos.

Os surdos oralizados pertenciam a frações mais privilegiadas da classe média, em capital cultural e econômico, comparativamente aos surdos não oralizados, que pertenciam a frações sociais menos favorecidas. Havia intensa ambição e expectativa de ascensão social, por parte de seus pais. E pareciam considerar a escola como uma instância de intervenção importante, mas não suficiente para suprir as exigências de leitura e de escrita que almejavam para seus filhos surdos. Desse modo, aumentavam a oferta de linguagem, leitura e escrita, pela própria intervenção. Quando dispunham de condições financeiras para prover assistência pedagógica profissional, ofereciam-na precocemente e prolongadamente, como nos casos de Rita e Ricardo. Quando havia menos condição, como no de Eliana, desenvolviam estratégias familiares para alcançar seus objetivos, mas em todos os casos proviam uma enorme infraestrutura, especialmente se se tratava de garantir a permanência dos filhos surdos no ensino regular.

Os surdos não oralizados pertenciam a uma fração mais próxima das classes populares, onde é comum a ambivalência em relação à escolarização: ao mesmo tempo em que valorizam o êxito escolar e a conquista do diploma, questionam a utilidade de ambos. Na assistência prestada aos filhos, "não manifestam grande empenho, tampouco a prática do 'puxar' os filhos na escola. Não costumam vigiá-los na realização dos deveres e raramente os incitam ao estudo em casa" (NOGUEIRA, 1991, p. 100).

E parecem considerar a escola como uma instância necessária e suficiente para suprir as necessidades de leitura e de escrita de seus filhos surdos, diferentemente dos outros pais. Muitas vezes constataram as insuficiências da escola, mas pareceram resignar-se, por julgarem impossível intervirem, ou porque foram iludidos por ela (ADAMO, 1999, p. 136). Os pais ajudavam os filhos nas tarefas escolares, mas quando solicitados. Não planejavam e nem desenvolviam ações específicas, em casa, para criar situações de leitura e de escrita. O pai de Frederico frequentemente aconselhava-o a dedicar-se aos estudos, dizendo-lhe que era necessário para todos, inclusive para os ouvintes. Chegou a ameaçar levá-lo de volta à escola regular, caso ele fosse reprovado e, depois disso, a situação "normalizou-se". Em casa, recomendava a Frederico a leitura, porém entendia que não poderia forçá-lo a ler; Frederico tentava sempre adiar a tarefa, o que não seria aceito no caso dos surdos oralizados. O pai de Carlos interviu intensamente, também, durante certo período. A intervenção, às vezes, era imposição, especialmente quando Carlos foi aluno do ensino regular: "obrigava ele muito a estudar, era obrigado mesmo. Ele nunca gostou de ficar estudando[...] Às vezes eu puxava orelha na hora, ele chorava, chorava, chorava... Agora não posso fazer isso mais [por ser adulto]". Também haviam demandas de leitura: "Eu mandava ler, sempre mandei, sempre procurei saber o que ele queria ler pra que eu comprasse pra ele, a revistinha comprava pra ele muito, eu costumava até levar pra escola...", mas não tão prolongadas como no caso dos surdos oralizados.

Com relação aos recursos financeiros para prover assistência profissional extraescolar, quando existem, parecem ser mais aplicados no desenvolvimento de habilidades orais. Os pais de Frederico investiram em atendimento fonoaudiológico, mas não em acompanhamento pedagógico; e porque não houve bom resultado, após mais uma década, decidiram interromper, pela decepção de terem gasto tanto tempo e dinheiro.

A escolarização dos filhos surdos também era tomada como um valor importante para os surdos não oralizados. Mas a expectativa de trabalho, por outro lado, estava bastante presente, e a satisfação dos pais pela iniciação de seus filhos surdos no mundo do trabalho sugeriu que era atribuído um valor maior ao trabalho do que à escolarização, embora isso não eliminasse o valor que atribuíam ao estudo, à leitura e à escrita. A mãe de Frederico, por exemplo, contou, admirada, o quanto ele se desenvolveu em iniciativa, em autonomia, e aprendeu a obter o de que necessitava com o esforço do próprio trabalho[16]: "Agora mais inteligente. Esperto. Como viajou, coragem, ele foi sozinho, não junta nada, foi Rio, foi Bahia, foi Santa Catarina, tudo, ele foi sozinho, dormir, ônibus, hotel, tem dinheiro, não tem dinheiro, não faz mal, vend...vend...., paga camping, hotel, também, quer comer, paga,[...] trabalha muito, tem dinheiro, guardar poupança, comprou um carro". O pai tinha o mesmo ponto de vista, e Frederico valorizava a autonomia que ia construindo. Quando comparava estudar e trabalhar, pensava que estudar era perder tempo, porque se preocupava com o futuro. Para Frederico, o trabalho era necessário, urgente e escasso, e oportunidades de trabalho tendiam a ser mais difíceis ainda no futuro. A avó de Frederico esperava o prosseguimento de seus estudos, requisito básico para o mercado de trabalho: "Outro dia, eu passei ali perto do Via Brasil, tem uma tabuleta oferecendo pra auxiliar de açougueiro, recepção, tudo, exige-se o primeiro grau completo. O que vai ser da sua vida, Frederico, sem você terminar esse primeiro grau?", disse-lhe um dia a

---

[16] Frederico vendia objetos como chaveiros e adesivos, que continham uma alusão à surdez, como o alfabeto manual. Para os pais de Frederico, a atividade constituía trabalho; para outros pais, como os de Carlos, por exemplo, isso não ocorria.

avó. Mas os significados conectados à progressão escolar eram bem diferenciados.

Para Carlos, estudar equivalia a ter acesso à escrita, para lidar com situações que envolvem comunicação oral, como uma consulta médica. Além disso, pensava que a escrita lhe possibilitaria orientar seus filhos, em questões escolares. Mas a progressão nos estudos, e o ingresso na universidade, não era cogitado: "Pra quê?!...", perguntou-me. O trabalho, ao contrário, era uma possibilidade concreta, e parte de seus anseios econômicos.

Para Frederico, os surdos que estudavam em universidades tinham acesso a várias informações, mas desconheciam a língua de sinais, e sobre ela, o que representava uma lacuna séria. Temia que a progressão escolar e o ingresso na Universidade estabelecessem como únicas metas a leitura e o estudo, e não valorizasse a interação, o desenvolvimento da LIBRAS (Língua brasileira de sinais), a iniciativa e a cognição dos surdos. Queria no futuro ser professor de língua de sinais, para professores de surdos, pois entendia que não tinham ciência da importância da língua de sinais para o aprendizado escolar dos estudantes surdos. E pretendia concluir o primeiro grau, por supor que teria então um aumento de vocabulário em português que lhe possibilitaria ensinar, também para os surdos, como estabelecer correspondências entre língua escrita e língua de sinais.

O pai de Frederico considerava impossível o ingresso de seu filho surdo na universidade – "Surdo é difícil. Não tem condição. Só ouve. Frederico... não tem condição. Muito difícil... cabeça.... Professora fala, não entende. Escola ouve, não tem dificuldade. Muito exigente, muita preocupação". Além disso, considerava que universidades estabeleciam exigências de leitura que podiam adoecer as pessoas. Contou a história de um amigo surdo que concluiu a graduação somente em seis anos, e teve perdas visuais, interpretadas como decorrentes de excesso de leitura, tomada como algo que podia fazer mal, concepção comum no final do século XVIII (DARNTON, 1992, p. 218)[17]: "perdeu a vista. Porque estuda muito, preocupado, nervoso, [...] pai tem dinheiro, paga escola; pai trabalha farmácia, não precisa trabalhar, dinheiro paga escola, não precisa preocupar, trabalhar, dinheiro, estuda...., nervoso, não dorme, estuda de madrugada... depois perdeu a vista [...]".

O pai de Frederico também constatava que o acesso à universidade ocorria para aqueles surdos que podiam ser economicamente mantidos por suas famílias: "[...] pai tem dinheiro, paga escola[...] não precisa preocupar, trabalhar, dinheiro[...]".

No caso dos surdos oralizados, a marca diferencial de suas estórias é o *superinvestimento*, que tem como núcleo *famílias pedagógicas*, que investem intensamente em materiais de leitura – "a casa dela é muito biblioteca, porque a mãe compra tudo quanto é tipo de livro, pesquisa, computador, tem uma gama muito grande de informação em casa" (psicóloga de Rita) – cujas mães estudam as matérias escolares de seus filhos surdos, para discutir com eles – "junto com ela, estudando. E era assim: três, quatro livros abertos, com o mesmo assunto, aí ela lia todos. Tinha um livro pra ler, tinha que comprar dois. Um ficava com ela, outro eu tinha que levar pro serviço, que eu ia lendo dentro do ônibus. Quando a gente chegava, eu não fazia pergunta. A gente discutia o livro. E depois ela fazia um resumo." (mãe de Eliana). Outras atividades incluem a gravação do conteúdo que se passa na sala de aula, em áudio, para comentário posterior, na intenção de controlar a perda de informação, e a narrativa de estórias: "toda vida eu contei estória, através de cineminha, eu mesmo desenhava a estorinha, contava a estória pra ela, mas tudo através de cineminha". As práticas familiares incluíram a atividade de colocar tarjetas nos objetos, pensada como ação

---

[17] Naquela época – mas não somente naquela época, como se constata – a leitura era concebida como algo que podia trazer danos à moral, à política e à saúde do indivíduo, causar dores de cabeça, enfraquecimento dos olhos, doença pulmonar, distúrbio nervoso, hemorroidas, artrite e melancolia, entre tantas outras doenças.

necessária para desenvolver a leitura, o que é discutível. Como analisa Conrad (1979, p. 140), os nomes não fazem referência social ao objeto, e atribuir significado à escrita faz parte de um processo maior.

A dedicação do superinvestimento tem também como fundamento o temor de supressão da comunicação oral, e há uma visão deformada do que representa ser surdo e se comunicar por língua de sinais. No caso de todos os surdos oralizados, a preocupação dos pais com o aprendizado da fala era um ponto central. Os pais dos surdos não oralizados, por sua vez, não temiam que os filhos surdos não aprendessem a falar, embora o desejassem. Não havia angústia nos relatos dos pais, à diferença dos outros relatos, nem intensa atribuição de estigma pela ausência de fala e uso de língua de sinais.

Alguns pais consideravam danosas as consequências do investimento, embora frequentemente houvesse ambiguidade e concluíssem que valia a pena.

O excessivo investimento parece gerar dificuldades de aceitar limites e fracassos, porque há muita pressão para o sucesso escolar: "a Rita tem um nível de cobrança altíssimo; em termos familiares, a mãe já melhorou muito, mas ela tinha essa cobrança alta, exigia, tem que ser bom, tem que tirar nota boa, tem que ser, tem que ser....agora está mais tranquila, pode perder média. A Rita até hoje, se ela perde média na prova, ela chora, entra em pânico, se irrita, ela se descontrola." (psicóloga de Rita).

Os surdos muitas vezes veêm o investimento familiar como um "mal necessário", uma obrigação da qual estavam impedidos de escapar. Para Adriano, o sujeito surdo do pré-teste, a consequência mais pesada do investimento familiar foi não ter podido ser criança: "Eu perdi todo o meu tempo infantil. Eu perdi tudo!... eu vivia muito ocupado".

Os planos em relação ao futuro escolar incluíam fazer faculdade na maioria dos casos dos surdos oralizados. Mas a escola representava algo de que queriam ficar livres, como Ricardo – "ele é envolvido com o compromisso de terminar a 8ª série, ficar livre logo. E ele leva isso muito a sério, mesmo [...] faz rapidinho, pra acabar depressa" (professora de Português) – ou eram estórias cheias de queixas, desgosto, e do sentimento de não pertencer.

Práticas de leitura e de escrita decorrentes de acompanhamento pedagógico extraescolar

Como discutido anteriormente, nas frações sociais da classe média que se aproximam mais das classes populares, não há muito empenho dos pais, o que não significa indiferença em relação aos filhos. Também não é comum recorrerem à ajuda pedagógica extraescolar, ainda que a família possa arcar com as despesas, e os filhos estejam em dificuldades escolares sérias (NOGUEIRA, 1991, p. 100). O sucesso escolar dos filhos é atribuído pelos pais apenas à ambição e ao esforço destes na escola, porque entendem que alguns são capazes de sacrifícios e o farão como o melhor para seu futuro.

No caso dos surdos não oralizados, cuja inserção se dá nessa fração social, não houve qualquer tipo de assistência extraescolar.

Em relação aos surdos oralizados, o acompanhamento pedagógico se manteve em dois dos três casos,[18] oferecido por uma psicóloga com experiência no campo educacional. O trabalho incluiu ajuda nas tarefas escolares, como "para casa", pesquisas, consultas a livros, interpretação e produção de textos, exercícios de gramática, ortografia, pontuação, além de orientação dos professores das escolas regulares onde os sujeitos surdos estudavam. Era feita, também, negociação para o acesso antecipado às provas, e havia condescendência em relação aos resultados dos surdos na leitura e na escrita, além da oferta de textos menos complexos.[19] Constituíam atitudes de acobertamento

---

[18] Ricardo e Rita.

[19] Ainda que com as diferenças, a oferta continuava a ser maior do que na escola de surdos.

das dificuldades, baseadas na manipulação do estigma, e não ajuda ou cooperação.[20] Estabeleciam a desigualdade entre os estudantes surdos e os ouvintes, e afirmavam sentimentos de incapacidade: "Ele se sentia, de uma certa forma, discriminado em relação ao resto da turma que tá lendo o livro e ele lendo um conto. Os meninos tão ali, todo dia, passeando com aquele livro na mão, um comenta com o outro, e ele lendo um conto. E eu sentia depressão nele por causa disso [...] Olhava pra ele, ele tava numa tristeza, aquela coisa triste, apagada..." (professora de Português de Ricardo).

O atendimento pedagógico supria omissões dos pais devido a dificuldades e ansiedades ante a surdez: "ou eu pegava esse menino e adotava ele, no sentido de adoção mesmo, de pegar nessa área pedagógica eu resolver tudo.... porque tudo que era levado pra mãe era resolvido com muita ansiedade[...] ela não dava conta, ela entrava em ansiedade, cobrava." (psicóloga de Ricardo).

Para alguns surdos oralizados, como Ricardo, a intervenção profissional era indispensável: "Eu leio junto com ela e ela me ajuda. Porque não tô entendendo. Quando eu tô lendo, não tô entendendo, me ajuda, no que tá falando. [...] Tem muita palavra que eu não entendo".

Todavia, o suporte aumentava a dependência: "ele tá tão acostumado com esse atendimento....individual, que na hora que eu distribuo um trabalho, os meninos começam a fazer e ele já tá com aquela cara de coitado pra mim, esperando que eu vá lá dar uma força...Ele tá muito acostumado com isso". (professora de Ricardo).

Práticas de leitura e de escrita
dos surdos e de suas famílias

Como práticas sociais, a leitura e a escrita são reguladas por vários fatores, entre eles, pelo entorno social de leitura e de escrita.

---

[20] Sobre atitudes de acobertamento confira BOTELHO, P. *Segredos e silêncios na educação dos surdos*. Belo Horizonte: Autêntica, 1998.

As práticas sociais constituem variável fundamental na obtenção dos resultados na leitura e na escrita, no caso de surdos e de quaisquer outros. O que leem e escrevem, quando, quanto, onde, com quem ou por intermédio de quem e por que, traçam hábitos e competências adquiridas.

O interesse em ler e em escrever é construído com base em hábitos que decorrem de valores familiares. Pais e irmãos servem, assim, de modelos de leitura e de escrita.

As histórias de leitura e de escrita retratam os modos como os sujeitos construíram, ou não, o gosto de ler e de escrever, a partir de sua socialização.

Estar interessado em algo é dependente da interação com o objeto, não constituindo um estado *a priori*. Tampouco é intrínseco, algo que nasce "de dentro do sujeito". Estar interessado pressupõe estabelecer algum fazer, e depende, ainda, de constância desse mesmo fazer no tempo, e repetição da ação. O sujeito lê porque está interessado, mas está interessado porque lê, porque aprendeu a gostar de ler. No caso da leitura e da escrita, o critério para estabelecer o interesse e os resultados é baseado em um olhar para as práticas que vêm sendo desenvolvidas.

Ler e escrever são atividades intensamente atreladas a contextos escolares, quando não se restringem a eles. De acordo com Cárnio (1986, p. 178), a maioria dos sujeitos surdos da pesquisa que desenvolveu não gostava muito de ler, e realizava essa atividade somente como decorrência das exigências escolares.

O nascimento do interesse depende de incentivo. A mãe de Rita, por exemplo, sugeria a leitura, usando diversas estratégias para chamar sua atenção: "às vezes eu leio uns livrinhos de adolescente e faço chamadas pra ela: 'Rita, tal coisa vai acontecer. O que você acha?', aí faço ela ler, faço chamada, para a curiosidade".

O interesse também nasce quando o que se faz demanda atividade reflexiva. Rita apreciava textos com final engraçado, mas detestava textos "sem graça" e "curtos": "Vou dar um exemplo de um texto curto: Pedro, pescador, vai pescar e não sabe se vai voltar. Ele vai morrer. Pedro! Pedro! Pedro! Vai pescar e morrer... Ah! Não tem graça!.. [...] Tem livro mais bobo, que não acontece nada, eu não gosto". Para Rita, livros interessantes eram como um que lera recentemente: "sobre pessoas que moram na Rússia. Muito bom o livro".

O interesse pela leitura e pela escrita é ligado também a significados afetivos. Ricardo tinha uma diferente atitude em relação à leitura quando havia uma motivação concreta, algo que ia ao encontro de suas curiosidades; adquiria, então, outro fôlego: "quando é uma coisa que ele gosta, ele cutuca, ele lê. Ele sente prazer. As notícias sobre o 'Cruzeiro', ele é tarado com o 'Cruzeiro'. Ele lê e relê 20 vezes!... Até ele sair entendido!... Até ele fazer uma interpretação e dar conta do que que tá acontecendo com o danado do 'Cruzeiro'!... [...].

A leitura depende, ainda, de existir em condições reais de produção. Ricardo tinha um bom motivo para escrever quando havia uma existência real: 'Igual a carta, lá, que ele tá apaixonado com a menina, tem que ter um motivo muito forte pra ele'." Mas muito frequentemente, as práticas escolares tratam a leitura e a escrita em condições artificiais de produção, subtraindo os ânimos de usá-las como algo que valha a pena:

> quando se chega à escola, as pessoas começam a escrever para nada. O aluno começa a escrever porque o professor diz que é para escrever. Ele, então, escreve para o professor [...] sobre o que não quer escrever, ou não está interessado em escrever, e sabe que a pessoa que vai ler não está interessada em ler. (Soares, 1995, p. 13)

Estar interessado em ler e escrever também depende intensamente de ter uma língua disponível, compartilhada com aquelas pessoas que são modelos de socialização, e, por conseguinte, modelos de leitura e de escrita, permitindo dividir estórias e experiências.

Os surdos que participaram da pesquisa tinham diferentes interesses pela leitura e pela escrita, e diferentes entornos sociais. A oferta de leitura e de escrita, também diferenciada, era maior no caso dos surdos oralizados. Em nenhum dos grupos havia uma língua plenamente compartilhada, embora a maior fluência em língua oral, no caso dos surdos oralizados, tenha colaborado em trocas de algumas experiências entre pais e filhos, sobre estórias e perspectivas em relação à leitura e à escrita. Todavia, é necessário lembrar que trocas de experiências através da língua oral, quando há interlocutores surdos, resultam em aquisições limitadas.

Práticas de leitura e de escrita dos surdos oralizados e de suas famílias

Como citado anteriormente, os surdos oralizados tinham entornos sociais com maior oferta de materiais de leitura e de escrita.

Na família de Eliana, a leitura era um hábito comum; pai, mãe e irmã liam com muita frequência, e em grande quantidade. Quando criança, leu todos os livros da coleção "Vagalume", e outros. Mantinha diários e agendas, e escrevia poesias. Sempre que viajava, os livros a acompanhavam, e era voraz por quaisquer materiais de leitura: "enquanto ela não senta e lê tudo, ela não sossega[...] Aí debate alguma coisa, mostra alguma coisa especial que ela tá achando... o negócio dela é ler", conta a mãe, que se reconhece na filha, pelo mesmo hábito.

Alugar vídeos para assistir a filmes e assistir a outros pela TV a cabo era algo que adorava. Possuía um BIP, constantemente utilizado para a comunicação com familiares e amigos, além de fax, para conversar com a mãe, no trabalho, e para as atividades da associação de surdos em que trabalhava. Lia jornais com certa regularidade, e a grande paixão eram as revistas. Assinava *Isto É* (semanal), *Exame Informática* (mensal) e *Superinteressante* (mensal), e lia as revistas na íntegra. Também tinha acesso a outras experiências culturais diversificadas: "não perde um lançamento de filme. E ela lê tudo a respeito do filme, antes, ela faz questão de saber o que que tá acontecendo, o por que que foi feito aquele filme... Ela gosta desses documentários e de filmes legendados. Filme ela adora; cinema, toda vida! Desde pequena mesmo. Filminho de criança, eu nunca deixei de levá-la, não... Ia eu, ela, e o pai dela. Se não entendia, depois a gente falava, a gente explicava. Toda a vida, pra gente, cinema aqui foi o forte. Cinema, livro, revista." (relato da mãe).

As práticas de leitura eram antigas, constantes e muito variadas, como narra a mãe: "Ela senta, vai ler, uma coisa que ela já leu quinhentas vezes, pra depois levantar, continuar. Se chegar ali achar outro papelzinho, ela para.... então haja paciência. Jornal, aqui, era a *Folha de São Paulo* e *Estado de Minas*. Aí eu parei. Porque juntava aquele monte!.... Agora é revista *Isto É*, *Superinteressante*, *Seleções*. A *Exame Informática* e *Superinteressante* é desde quando começou, há pelo menos uns 10 anos. *Isto É*, anos!... *Seleção* tem um ano. *Exame* foi depois que ela foi pra Universidade. [...] Já tem a Multicanal, tem muita coisa legendada. [...] Afora os livros... Livro policial, ela tem a coleção de Agatha Christie toda. Jorge Amado, a coleção completa, Machado de Assis... E fora aqueles livrinhos da Coleção Vagalume, por aí afora. E fora George Orwell, '1984'. E tem aí esses outros livros, esses romances, essas coisas assim que fica a coleção nas bancas, eu fiz. Tem... se for contar o tanto de livro que tem aí!"

Adorava palavras-cruzadas e lia também livros da irmã, bem como revistas em quadrinhos. Utilizava o computador para fazer os trabalhos escolares e a Internet para contatos com amigos, divulgação da associação de surdos, intercâmbios e outras finalidades. Além disso, fazia toda a escrita da associação de surdos (atas, ofícios, editais para jornais etc.) em que trabalhava.

Na casa de Ricardo também havia um ambiente de leitura. Sua mãe assinava revistas como *Marie Claire* e *Veja*, e mantinha leituras profissionais e romances. O pai lia diariamente vários jornais e os irmãos liam revistas variadas. Fax e computador eram frequentemente utilizados por ambos. Os interesses de leitura de Ricardo eram relacionados a carros, futebol e planos para o futuro, como ter carteira de motorista e comprar um carro. Jornais eram algo de maior facilidade de leitura. Ocasionalmente, lia artigos da *Veja* e revistas pornográficas. Não costumava ler gibis, e a leitura de livros somente ocorria por solitação escolar, e com ajuda. Gostava de consultar preços dos produtos e da arroba em revistas de agropecuária, como a *Globo Rural*, e assuntos sobre leilões de gado, já que o pai era fazendeiro e se envolvia neles. Ler era relacionado a eventos que pressupunham interação com pessoas, o que lhe motivava. Ricardo também tinha acesso à TV a cabo, mas gostava apenas dos jogos de futebol. Assistir fitas de vídeo era um hábito dos irmãos, mas não de Ricardo; para a mãe, o equipamento causava interferências no aparelho auditivo, porém o mais provável é que havia muita dificuldade de interpretação das legendas.

Ricardo possuía um computador, onde fazia trabalhos de digitação para terceiros, e trabalhos escolares. Não utilizava Internet, fax ou BIP.

O entorno de leitura e de escrita de Rita era também rico e variado. Revistas de Economia, *Veja, Isto É*, gibis e jornais constantemente abundavam. Livros sobre temas religiosos, carros, pescaria, animais e computadores, figuravam entre os centros de interesse dos pais, de Rita e de seus outros irmãos, entre os quais um irmão surdo. Várias enciclopédias ilustradas estavam também disponíveis.

A leitura de jornais não constituía a preferência maior de Rita e sim as revistas, em especial *Caras* e as que traziam entrevistas: "Eu gosto de ler entrevista que fala: 'O que você gosta de fazer?', por exemplo, uma pessoa matou uma mulher, eu fico curiosa, por que matou.... Não gosto de ler Economia, Política, Tempo. Veja eu não gosto. Não tenho paciência. Político.... é difícil. Eu gosto mais de ler entrevista, cinema, crime. Política, Economia, detesto. Gosto do resumo sobre atores e atrizes."

Porque a família era batista, as revistas próprias de adolescentes, algo que Rita adorava, foram temporariamente vetadas, mas adiante decidiram dar importância à liberdade de leitura como condição para que viesse a interessar-se pelos vários tipos de textos. Aos 14 anos, na época da pesquisa, ler começava a deixar de ser obrigatório e imposto, pela mãe e pela Escola, para se tornar uma curiosidade.

Rita adorava filmes de vídeo e assistia a eles constantemente. Em casa, também tinha TV a cabo. E gostava muito de cinema. A mãe dava bastante importância às legendas como recurso para implementar a leitura, uma de suas grandes preocupações: "Eles[21] aprenderam a ler legenda em filme muito pequenos. Eu ficava atrás dos desenhos legendados do Walt Disney direto. A legenda ajuda muito. Às vezes tem uma palavra que não sabe, mas, pelo tipo de cena, eles percebem, e, de vez em quando, eu vejo eles usando expressões que eles aprenderam. A Rita ama filmes. Ela vê, comenta, depois conversa com as amigas e comenta, ela sabe nome de ator, a vida deles[...] Às vezes, ela não entende alguma coisa, ela fala: 'Mãe, então cê assiste esse e me explica, porque teve uns pedaços aí que eu não entendi o que quis dizer'."

Também era muito apreciado por Rita escrever cartas para os amigos, e sempre manteve diário; na agenda pessoal, registrava seus compromissos escolares, e também seus pensamentos, como recurso de comunicação consigo mesma, para expressar sentimentos a respeito de coisas importantes: "é toda bordadinha, arrumadinha, 'Hoje não teve aula. Que legal!'. Tem época que ela se tranca no quarto, escreve, escreve, escreve...". (relato da mãe).

Computador, Internet e BIP não faziam parte de suas práticas, mas o fax começava a adquirir importância, na época, como meio de Rita se comunicar com uma amiga surda que morava no interior.

*Práticas de leitura e de escrita
dos surdos não oralizados e de suas famílias*

O entorno familiar de leitura e de escrita dos surdos não oralizados era bem diverso do contexto dos oralizados. Havia

---
[21] Se refere à Rita e ao outro filho, também surdo.

menor oferta de materiais de leitura e de escrita em suas famílias. Pais e irmãos mantinham hábitos menos frequentes de leitura, ou esses hábitos eram ausentes.

Na família de Denise, a mãe não lia nada, e o pai lia o jornal *Estado de Minas*, aos domingos. Os irmãos, liam revistas esporadicamente, como a *Veja*.

Denise gostava de ler jornal: notícias sobre futebol, sobre seu time, o Cruzeiro, e também o resumo das novelas. Adorava gibis, como *Mônica e Cascão*, e revistas como *Caras*. Quando cozinhava, lia as receitas em seu livro de culinária. Mas a "leitura de livros"[22] lhe desanimava profundamente. Indicou uma exceção, salientando que o livro era fino, e que tratava sobre drogas. O livro era para um trabalho de Português, solicitado pela professora. Entretanto, Denise não chegou a lê-lo, e nunca leu outro qualquer.

Assistir a filmes de vídeo não fazia parte de sua rotina. Às vezes, ia ao cinema com a irmã, que lhe explicava no decorrer do filme o que não conseguia entender pelas legendas[23]; o mesmo ocorria em relação às notícias pela televisão. Não tinha acesso a computador, Internet, fax ou BIP. Gostava de escrever cartas para uma amiga surda e para o padrinho, segundo a mãe, embora Denise não tenha confirmado.

Na casa de Frederico[24], não havia acesso a fax, BIP, computador e Internet. Ninguém tinha hábito e gosto de ler revistas e livros, mas o pai comprava jornais (*Estado de Minas* e *O Globo*), algumas vezes por semana, e gostava de ler várias coisas: "Novidade todo dia. Eu não gosto ver crime. Futebol. Esporte, em geral. Ciências e Tecnologia também gosto. Política.... alguma

---

[22] O uso do termo "leitura de livro", que aparece aqui e mais adiante, é usado por todos os surdos, como referência a um tipo de leitura de difícil acesso, em comparação a outros tipos de leitura.

[23] A irmã era a única da família que conhecia um pouco de sinais e se comunicava mais satisfatoriamente com Denise.

[24] Frederico era o único sujeito da pesquisa filho de pais surdos.

coisa, porque... preço aumenta, preço abaixa.... Economia, eu gosto. Notícia, acontece, fatos, eu gosto. Como? Terremoto....".
O pai de Frederico também gostava de filmes de vídeo, e preferia-os ao cinema, pela possibilidade de retrocedê-los quando não compreendia as legendas. Considerava que ler diálogos entre personagens era mais acessível do que a "leitura de livros". Não tinha hábito de escrever, exceto para registrar a contabilidade financeira particular. Sua segunda esposa[25] não lia nada, exceto horóscopo no jornal, quando ele comprava, nem tampouco tinha alguma atividade escrita. A primeira esposa, mãe de Frederico, adorava filmes na televisão; acreditava que ajudavam a desenvolver a leitura. Classificava a "leitura de livros" como "muito difícil, estória, não entendo", citando o livro *Meu Pé de Laranja Lima*, como o único livro que lera, mas que gostara muito. Também costumava escrever cartas para os parentes, que moravam em outro Estado.

Para a irmã de Frederico[26], ler e escrever era restrito às demandas da escola regular, e da avó materna, ligadas ao ensino religioso, que ministrava.

Frederico lia muito pouco, porque não tinha tempo nem vontade, segundo descreveu. Esforçava-se para ler quando havia algo necessário e importante, como contas a pagar. Não lia jornal, mas às vezes se interessava em consultar preços de carros, futebol, e notícias sobre terremotos, guerra ou algum outro acontecimento de grande repercussão. As revistas não faziam parte de seus hábitos, exceto a *Quatro Rodas*, de vez em quando, e nunca lera um livro. Filmes de vídeo eram esporádicos, como também os de cinema, porque não conseguia acompanhá-los integralmente: "metade. Entende tudo, não. Revista, vídeo, jornal, normal, não conhece, chama, o quê? Nome, entendeu, só". Não tinha hábito de escrever, exceto uma ou outra assinatura de cheque, um ou outro bilhete que deixava para a mãe. Não

---

[25] Também surda.

[26] Também surda.

usava agenda, tampouco via sentido nela. Escrever adquiria importância quando Frederico pensava na comunicação com os ouvintes.

Na família de Carlos, o pai não se interessava por jornais, mas gostava das revistas que a esposa assinava – *Criativa* e *Globo Ciência*. A mãe também não lia jornal, mas apreciava as revistas de moda e as que assinava. As irmãs de Carlos não tinham costume de ler o que quer que fosse, e Carlos não via sentido em tentar ler as revistas disponíveis em casa, porque não conseguia entender o texto escrito. Queixava-se ignorar os sinais da língua de sinais correspondentes às palavras escritas[27], restringindo-se a olhar as figuras: "só olha cara. Lê, não". Também não lia jornal. Semanalmente, Carlos assistia a filmes de vídeo. Seu tema preferido era o amor. Procurava filmes legendados, aos quais chamava "dublados", mas tinha dificuldades para entender as legendas. Quando lhe perguntei se em casa assinavam TV a cabo, mostrou desconhecer de que se tratava, pediu esclarecimentos, e reclamou que tinha pouca orientação dos pais, e por isso perdia muita informação. Ocasionalmente, ia ao cinema com os amigos. Gostava de filmes de guerra e outros.

Conforme o pai, Carlos nunca gostou de ler. Quando criança, gostava de gibis, mas o interesse teve curta duração. Na época da pesquisa, interessava-se por algumas reportagens nos jornais televisivos. Às vezes, ficava muito curioso por certas notícias, mas o acesso era dependente da comunicação, e o pai desconhecia a língua de sinais: "Às vezes ele fica pelejando pra entender, e às vezes eu fico até nervoso perto dele, porque é muito curioso... Passando uma reportagem lá. [...] 'O que que é isso?', 'O que que é isso?', eu não sei explicar pra ele..."

---

[27] Como é discutido neste livro, não há correspondência isomórfica entre sinais e palavras, e a tentativa usual de estabelecê-la é por meio do bimodalismo (ver discussão adiante), e resulta numa compreensão mínima e fragmentada do conteúdo do texto. Como os surdos não aprendem a estabelecer conexões entre a língua de sinais e o texto escrito – porque a Escola não ensina, tampouco sabem como fazer – o bimodalismo se torna o recurso disponível, embora não resolva os problemas de compreensão e nem sirva como justificativa para adiar a implantação da educação bilíngue.

Carlos não mantinha nenhum tipo de atividade escrita, exceto os exercícios da escola. Mas recebia muitas cartas de garotas, tentava ler as cartas e pedia ajuda para respondê-las, o que era em vão: "Ele pede pra fazer toda a carta. Ele não tem ideia do que vai colocar na carta. Inclusive eu vi ele começando a escrever uma carta, começou mais ou menos assim: 'Oi, Fulana! Sua safada!'. Eu falei, não pode fazer isso!.... desse jeito que escreveu!....Aí rasgou tudo. E fica assim: 'Como é que faz? Como é que faz?'."

Não fazia uso de agenda, tampouco via utilidade nela: "Por quê?! Vai fazer o quê?! Escrever pra quê?". Possuía uma agenda eletrônica, onde consultava datas de aniversários dos colegas e endereços. Não tinha acesso a computador, Internet, fax ou BIP.

Como as descrições das práticas apontaram, diferentes ambientes de leitura e de escrita proporcionam diferentes ofertas. Tais diferenças não podem, em absoluto, ser ignoradas, ao avaliar os resultados dos surdos. O que lêm e escrevem depende, assim, em grande medida, do acesso e do uso.

Relações entre oralização e letramento

O letramento é condicionado à oralização do surdo?

Os surdos oralizados, comparativamente aos não oralizados, apresentaram resultados na leitura e na escrita relativamente melhores.

Entretanto, esses resultados não se explicam pela oralização. Um determinante fundamental das competências para ler e escrever são as condições de leitura e de escrita a que certos surdos têm acesso, e uma constante imersão em práticas sociais que envolvem textos. Os surdos não oralizados que foram objeto de investigação na pesquisa raramente mantinham práticas de leitura e de escrita, dentro e fora das escolas, fator decisivo para o insucesso.

Aprender a ler e a escrever e desenvolver competência nesses âmbitos são dependentes, assim, de determinadas *condições de possibilidade* (CHARTIER, 1995). Elas incluem, ainda, ter uma língua plenamente à disposição. Os surdos oralizados, porque tiveram mais largo acesso à língua oral, podiam conversar em maior escala com pais e professores a respeito da leitura e da escrita, o que é fundamental para a construção das competências, pois a interlocução influencia em grande medida a compreensão. Quando podemos discutir as estórias contidas nos livros, revistas e outros suportes, conversar sobre as mensagens que são veiculadas, sobre aquilo que, não dito se esconde por trás das palavras, sobre o humor, a analogia e assim por diante, construímos um entendimento acerca dos textos. Contudo, as limitações estão sempre presentes quando a língua oral é a única língua acessível para sujeitos que são surdos, mesmo quando há um certo grau de domínio da mesma. "Eu noto que a coisa mais abstrata, do substantivo abstrato, é mais difícil pra eles entenderem. O concreto é mais fácil, cê pode mostrar. Poesia tem mais dificuldade. Quando o autor fala que a vida dele é 'um céu em chamas', é muito abstrato. Tem que avaliar 'céu', 'chamas', pra entender dentro do texto. O aluno com audição normal, dá exemplo, o outro dá, elas não escutam o exemplo dos colegas, não escutam a discussão que a gente faz, oral, super importante pra compreensão do texto", comenta a professora de Português, da escola regular de Rita. Rita detestava poesia, considerava-a inacessível. Entretanto, como mostra o próprio exemplo, a compreensão da linguagem figurada podia ser construída a partir da discussão coletiva sobre o texto, tendo os estudantes ouvintes uma língua compartilhada e que, ao mesmo tempo, podiam utilizar para discutir sobre o assunto com folga e desembaraço: "A perda da falação dos colegas, ali tem ideia pra fazer o trabalho, essa experiência falta. Na conversa da sala é que surgem essas ideias. Então o fato dela [Rita] não ir muito além, é porque ela não ouviu essas conversas". Desse modo, ler, produzir textos, participar de discussões, abstrair, tornam-se procedimentos inteiramente limitados ou, às vezes, impossíveis, não porque haja algo inerente à surdez, mas porque não são adequadas as condições de compreensão. Ser oralizado não permitiu a Ricardo, por exemplo, ter a menor ideia do que o adjetivo "podre" significa, seja em um termo inteiramente corriqueiro, como "maçã podre" ou em uma expressão metafórica como "mundo podre", que constava de um dos textos da pesquisa. Conforme Conley (1976) e Giorcelli (1982), os adolescentes surdos com a idade de 18 anos não desempenham tão bem quanto crianças ouvintes de 9 anos, no campo da linguagem figurada, o que não aconteceria caso a língua de sinais fosse acessível e compartilhada desde tenra idade.

De qualquer modo, quando se fala em melhores resultados de certos surdos, na leitura e na escrita, é necessário relativizá-los. Embora mais satisfatórios, deixam muito a desejar, e aparecem como tal quando comparados aos resultados dos surdos não oralizados, pois ainda não são os desejáveis.

Os resultados dos surdos oralizados mostraram que as interpretações de leitura e as produções de escrita se concentram mais na forma do que no conteúdo. Além disso, as dificuldades de lidar com a polissemia linguística são grandes: "notava nela dificuldade de fazer algumas análises de textos mais figurados, os textos mais parabólicos, com mais desvios de expressão; a linguagem jornalística era tranquila, uma linguagem mais técnica, científica, era tranquilo, a literária oferecia problemas. Muitos, muitos esbarrões...", conta o professor de Português de Eliana, no curso de graduação.

As dificuldades, às vezes, parecem ausentes. A versão escrita de Rita, por exemplo, do texto "Conversa fiada", é bastante razoável: "Quando o velho não tinha nada pra fazer, ele resolveu pescar no lago. Ele viu um menino novo, e também tava pescando. Também não tinha nada pra fazer. Aí, os dois tavam pescando, aí o peixe mordeu isca. Aí, o velho pegou peixe mais novo, e o novo pegou peixe mais velho. Aí, ele falou pro menino: 'você pescou um peixe muito velho, deixa ele viver mais, porque tem pouco tempo, deixa ele viver o resto da vida'. Aí, o novo falou pro velho: 'o peixe é muito novo e muito pequenininho, deixa ele viver mais', os dois jogaram o peixe, e... depois conversaram, fizeram amizade". Chegou a identificar aspectos importantes do texto, e até mesmo o que o texto não dizia, como quando lhe perguntei sobre o que os dois personagens conversaram, no final da estória: "O texto não fala". Contudo, nem Rita nem nenhum dos sujeitos surdos da pesquisa compreendeu um dos mais importantes, senão o mais importante aspecto do texto "Conversa fiada", que é a sutileza da discussão sobre o tempo de vida do jovem e do velho, sobre o fim e o começo da vida. Outras vezes, os resultados dos surdos oralizados são intensamente lacunares. A análise de Ricardo, por exemplo, do texto "O monstro interior", é rudimentar, especialmente para um estudante no final do primeiro grau, com quase 19 anos, na época da coleta dos dados da pesquisa: "Coisa ruim. Negócio que matou, negócio que aconteceu...negócio do namorado.... foi em casa.... apartamento....negócio de briga, namorado.... Namorado. Brig... namorado. Negócio de matar.... sabe, negócio de matar, a pessoa fica matando, né, negócio do caso violência, casal.... entendeu? Violência casal. Muito ruim. Isso é muito triste". Supondo que ele tivesse condição de elaborar outra versão de mais qualidade, pedi que explicasse novamente. A segunda versão foi melhor que a anterior, mas ainda sem elementos essenciais do texto, e com dados que não constavam do mesmo, como um personagem ter "morrido de choque com o sangue": "Ana Paula brigou com o namorado, entendeu? ... Ana Paula foi na casa do namorado, entendeu... Chegou, o namorado tava na cama, não sei...pode ver? [o texto] Ela namorava com Luiz, 6 meses, Ana Paula, o olho dela é azul. [Ri e faz uma expressão de apuro]. E ela tem o corpo bonito, também. E ela foi no apartamento do namorado. Aí o namorado dela, os dois brigaram. Ele pôs na boca, ele ia dar um tiro na boca. Ela não teve jeito de falar, não teve jeito de falar. Aí o namorado dela morreu de choque, choque com o sangue. Matou. Matou com a faca. [Pede para ver o texto, e completa]: Ana Paula." Ricardo tinha a seguinte versão sobre o motivo da briga: "Ciúme. Ana Paula com ciúme dele porque ele tava com outra, né... Né isso?".

Estudantes surdos de fato merecem e precisam de competência adicional na leitura e na escrita. Mas muitos educadores ainda asseguram que a oralização é a saída para os problemas de interação, leitura e escrita de surdos, e dirão que os problemas estão ausentes. Para estes, eu não teria nada a dizer. Mas para aqueles que começam a ver as contradições, eu diria que um modo de conhecer estas realidades é perguntar. Quando se diz que os surdos leem e escrevem muito bem, é hora de saber: o que leem e escrevem? Quanto, como e quando leem e escrevem? Para quem e com a ajuda de quem são capazes de ler e escrever? Onde, além da escola, usam a leitura e a escrita? E por que razões leem e escrevem? Minha experiência de tantos anos na educação dos surdos tem me mostrado que as respostas a estas perguntas não são animadoras, porém são bastante esclarecedoras.

A prática da leitura oral

O modelo baseado na experiência de ser ouvinte permeia a educação oferecida aos surdos. Por essa razão, são vigentes nas escolas de surdos e nas escolas regulares, onde os estudantes surdos foram ou são alunos, atividades centradas na oralidade, entre elas a leitura oral.

"Às vezes, eu peço pra ler junto comigo, lá na frente, eles acompanhando, ou fila por fila, ou um aluno individual", descreve a professora de Português de Denise e de Carlos, na escola de surdos. "Eu peço pra eles lerem, eles leem. Mas eu sinto que eles têm uma rejeição a esse tipo de trabalho", acrescenta. O desconforto dos surdos, porém, não levanta nenhuma perplexidade; nem move a professora a abdicar da oferta de leitura oral, por considerá-la promotora do desenvolvimento da linguagem oral, e, por extensão, da interação com o ouvinte: "pra eles se comunicarem. Porque não são todas as pessoas que entendem a língua de gestos".

Nas trajetórias escolares de muitos surdos foram também comuns as leituras orais coletivas, e o aluno que lesse melhor servia de exemplo aos demais.

Segundo Chartier (1995, p. 333-334), a ideia de que a leitura oral ajuda as crianças a aprender ainda é vigente, mas a "oralização sistemática induz a uma falsa representação da leitura e a um comportamento de extrema submissão à letra dos textos, que também são *handicaps* ulteriores". Que dirá para os surdos.

No entanto, a utilização da leitura oral parece servir a algumas finalidades, as quais não são do âmbito da compreensão, mas do conjunto de estratégias para oferecer respostas esperadas pela escola. Alguns surdos utilizam a leitura oral para decorar textos: "Eu gosto de estudar sozinho, no meu quarto, sozinho. Eu levo um copo, cheio de água, e fico estudando sozinho. Eu leio caladinho ou eu leio falando baixinho". (Ricardo). Em época de prova, Denise também usava a leitura oral para memorizar os conteúdos escolares: "pra gravar melhor, ela vai na área, conversa ela mesma, sozinha, fala, explica, ela mesma" (relato da mãe).

A prática da leitura oral também está associada a significados afetivos. Ler para alguém pode ser considerado um sinal de afeição: "Carlos lê muito bem. Lê pra ele, mas não pra mim. Lê sozinho, lá pra ele, mas se eu pedir a ele pra fazer uma leitura pra mim, ele não aceita. Eu sei que ele sabe, e eu vou entender praticamente tudo o que ele ler pra mim, mas ele não aceita. Muitas vezes eu pedi, ele não leu. [...] Ele não gosta mais de ser... companheiro de nada mais não...". (pai de Carlos). Segundo Darnton (1992, p. 215), no início da Europa moderna, a leitura era de cunho quase sempre oral, e porque constituía uma atividade social, possivelmente muitos afetos estavam em jogo – coisa semelhante parecia ser perseguida pelo pai de Carlos. Até a 4ª série, Carlos lia para ele, a seu pedido: "Eu gostava demais. Eu ficava entusiasmado de ver ele aprender, de ver ele progredindo, toda vida, eu gostava muito... Puxa vida!.... Ficava feliz, incentivava ele....". Ao mesmo tempo, pensava que Carlos tinha autonomia na leitura: "Ele entende tudo [...]Lê, normal. A leitura dele sempre foi muito boa".

A leitura oral é também proporcionada nas escolas com o objetivo de vincular o sujeito surdo à categoria "ouvinte", e pode ser entendida como sinal de certo status pessoal: "A postura dele é bem de ouvinte. Com os olhos e falando. Em voz alta, ou ele lê em voz baixa, sem fazer movimento[...] prefere ler em voz alta". (psicóloga de Ricardo). A surdez é pensada (e ignorada) a partir da perspectiva do que a oralidade representa para o ouvinte, mas não para o surdo: "eu gosto mais do oral do que ela [Rita], até pela sonoridade, e eu fixo muito na leitura oral" (psicóloga de Rita). Os surdos aprendem, assim, o quanto a oralidade agrada o ouvinte; e porque querem ser como ele, ou se verem livres dele, assimilam o funcionamento dos rituais escolares, embora eventualmente sejam flagrados: "Ricardo dispara na leitura, não tá entendendo nada, tá lendo só pra ficar livre. Muitas vezes, por exemplo, eu mando ele fazer duas leituras, a silenciosa, ele quer logo fazer a em voz alta, pra ficar livre" (idem, anterior).

Alguns surdos não vêm qualquer problema nas práticas de oralidade; ao contrário, ouvir passa a ser um evento superestimado, e lastimada é a sua ausência: "Surdo, é assim: atrasado, porque falta ouvir. Ouve, mais palavra, não para, conversa, não tem, mímica[28], som, muitas palavras, aprende, cérebro... Surdo!... Não tem cérebro!.... Só olha, mímica, olha, mímica, nunca ouviu, televisão, rádio, nunca ouviu, não tem cabeça, não aprendeu. [O ouvinte]ouve, aprende muito. Desde pequeno, escuta, escuta, não perde, um segundo[...] Ouve, nunca para. Pega mais [gesto representativo de ouvir ininterruptamente], guarda, [gesto representativo de acumulação na cabeça], guarda, cabeça aumenta palavras. Surdo não. Pouquinho palavras! [...] Porque é diferente, dificuldade" (pai de Frederico; surdo). A certeza de que existe uma falta, e a comparação com o ouvinte, embute uma forma de pensar a surdez que rechaça a língua de sinais e outras formas de expressão e comunicação baseadas na visão, e que também se identifica com o opressor. O surdo torna-se "atrasado" não porque não ouve ou porque usa língua de sinais e, sim, porque a escola e as políticas educacionais não levam em conta a necessidade de um ensino baseado na percepção

---

[28] Termo que utiliza para se referir à língua de sinais.

visual. Houvesse escolas de fato bilíngues, com professores preocupados com a aquisição da língua materna e da língua escrita pelo surdo, como língua estrangeira, investimento na produção de recursos didáticos visuais, oferta plena de programas televisivos legendados, entre outras condições, e nenhuma informação seria perdida.

A prática da subvocalização

Alguns sujeitos surdos, muito ou pouco expostos ao aprendizado da língua oral, lançam mão da subvocalização, para a inferência de significados, na leitura ou na escrita, ou na discussão sobre as mesmas, como tratado anteriormente.

Na leitura, a subvocalização parece constituir uma tentativa de discernir palavras que são foneticamente parecidas com outras; ou, então, palavras que são cinestesicamente semelhantes, isto é, o movimento provocado pela pronúncia de uma certa palavra lembra a pronúncia de uma outra palavra, parecida, do ponto de vista da fonoarticulação. Quando a subvocalização ocorre precedendo a escrita, constitui-se como tentativa de escrita de palavras.

A subvocalização, para ambas as finalidades, não se mostrou como um procedimento muito frequente nos processos de leitura e escrita dos sujeitos surdos em questão, embora observada. E não pareceu ser um recurso indispensável à produção textual e à compreensão da leitura. Em especial com a ajuda da memória cinestésica, a expectativa dos sujeitos surdos é a de identificar semelhanças entre o que é lido e o que já viram pronunciado nos lábios de algum interlocutor. Todavia, palavras e expressões são tomadas como equivalentes em situações inteiramente inapropriadas, dada sua semelhança cinestésica e pequena percepção do contexto do texto escrito. Sem esquecer que a língua oral se apresenta como língua estrangeira, e que, muito frequentemente, os surdos não dominam a língua de sinais, a língua que lhes permite fazer a conexão com o texto escrito, tampouco a educação que lhes é oferecida tem lhes ensinado a estabelecer as conexões, ou tem desejado aprender como ensinar os surdos a fazê-lo.

Os resultados parecem indicar, assim, que a oralização fornece algumas pistas para a leitura e a escrita, mas apenas em pequena medida, exercendo uma influência inexpressiva na construção do letramento de pessoas surdas.

As conclusões sobre os resultados confirmam, mais uma vez, a importância das condições que possibilitam o letramento, ou seja, as práticas de leitura e de escrita desenvolvidas e em desenvolvimento, ao longo das vidas dos sujeitos, além do domínio pleno de uma língua e da partilha da mesma, porque são estas as circunstâncias sociais que fundamentalmente promovem competências para ler e escrever.

A relação oralidade-escrita no caso dos surdos

A crença de que a aprendizagem da leitura e da escrita pelo surdo é dependente da exposição auditiva e da utilização da língua oral está fundamentada em um equívoco. A língua de sinais, ao contrário, representa para o surdo o mesmo que a fala representa para o ouvinte no processo de letramento (FERREIRA BRITO, 1993, p. 70; SVARTHOLM, 1997).

O resultado do trabalho de oralização do surdo é um conhecimento restrito e rígido da língua oral. E se o surdo opera com um "código deficitário", "a língua deficitária impõe-se como código de base e, salvo exceções, a criança surda [...] escreve transcrevendo a partir de sua língua oral" (ALISEDO, 1988, p. 223-5). A língua de sinais é a língua que desperta, na criança surda, "os sutis matizes semânticos e os comportamentos sociolinguísticos de base: pergunta-resposta, sistema de papéis, negação-afirmação, regras de cortesia, jogos de palavras, subentendidos etc., e tudo o que implica no domínio de uma língua" (ALISEDO, 1988, p. 228), que configura um outro tipo de identidade e pertinência social, além de se constituir como ferramenta de ensino da língua escrita.

Como há surdos oralizados que leem e escrevem, mesmo com problemas, vale a pena lançarmos um olhar para alguns desses casos, o que será feito através da análise de alguns resultados da produção escrita de Eliana, Ricardo e Rita, quando escrevem a partir da oralidade.

O texto utilizado foi "A escola de surdos", apresentado, conforme procedimentos descritos nos anexos, através da leitura mais próxima possível da oralidade. Os alunos deveriam escrever o que haviam compreendido a partir da apresentação oral. Foram produzidos alguns textos, seguidos de algumas análises sobre os mesmos, como ocorre no caso do Texto 5.

Houve apreensão de alguns aspectos essenciais do texto via recepção oral, porém detalhes relevantes escaparam. Não foi explicitado ao leitor, por exemplo, que as crianças referidas eram surdas, e que se tratava de uma escola de surdos. Uma parte indispensável, e que também não consta do texto de Eliana, relata uma situação pessoal sobre o aprendizado de língua de sinais da personagem surda da estória, que também é extensiva às experiências de outros surdos. Foi possível notar, ainda, que ela fez constar em seu texto escrito partes idênticas ou quase idênticas a alguns enunciados contidos no texto oral:

Texto original: "Conheci uma escola no Rio que cresceu, que teve um ótimo desenvolvimento, com crianças que aprenderam muitas coisas, crianças de 5, 4 anos...".*Texto de Eliana*: "Uma moça de 24 anos conheceu uma escola no Rio que cresceu, que teve um ótimo desenvolvimento. Lá, as crianças aprendiam muitas coisas, conversavam muito".

Texto original: "Na nossa conversa, eu perguntava e tinha resposta". *Texto de Eliana*: "Na conversa dessa moça com as crianças, ela perguntava e tinha resposta".

Texto original: "A gente se comunicava, tinha perguntas e respostas, elas sabiam tudo!". *Texto de Eliana*: "Elas simplesmente sabiam de tudo".

Texto original: "As pessoas que por acaso tiverem filhos surdos, não precisam se preocupar". *Texto de Eliana*: "Portanto, os pais que têm filhos surdos, não precisam se preocupar pois podem esperar um futuro melhor para eles".

Uma moça de 24 anos conheceu uma escola no Rio que cresceu, que teve um ótimo desenvolvimento. Lá, as crianças aprendiam muitas coisas, conversavam muito. Na conversa dessa moça com as crianças, ela perguntava e tinha resposta. Ficou muito emocionada. Antes, noutra época, não tiveram esse desenvolvimento e aprendizado. Atualmente, as crianças noutra época, antiga, agora adultas, estão atrasadas em comparação com as crianças surdas de hoje. As 10 crianças com quem a moça conversou respondiam a todas as perguntas da moça, sobre nome, data e várias coisas, até o passeio à praia. Elas simplesmente sabiam de tudo. A moça ficou emocionada, esperançada de um futuro melhor. Portanto, os pais, que têm filhos surdos, não precisam se preocupar, pois podem esperar um futuro melhor para eles.

Eliana manteve muita atenção visual durante a recepção oral, através da leitura labial, e o temor de perder dados talvez explique porque havia em seu texto alguns registros idênticos aos do texto original. Eliana considerava a utilização das pistas orais um procedimento insuficiente e limitado: "O oral eu esqueço mais fácil. Por exemplo, minha irmã está lendo pra mim, oralmente; eu esqueço depois. Se eu ler, não esqueço. Porque eu acho que ler, eu fico com mais facilidade. Eu não fico muito concentrada. Só concentro em ler, só. Ler eu concentro, é ler e guardar na cabeça. Agora, vendo, eu tenho que concentrar em ler a boca, entender, interpretar e guardar na cabeça. É muito rápido, não tem tempo pra fazer tudo isso".

E quando se compara este texto com o texto que Eliana produziu, a partir da leitura silenciosa de "Conversa fiada", diferentemente do texto produzido a partir da leitura oral, é possível notar certas diferenças importantes.

O texto, escrito por Ricardo (Texto 6), quase nada inclui a respeito do conteúdo do texto oral. Por outro lado, seu texto remete a certos aspectos de outro texto oral – a conversa que tivemos antes da escrita do texto, sobre a narradora (já que o texto original é em língua brasileira de sinais), e sua estória. Ricardo fez perguntas, estava curioso a respeito dela, e parece ter se impressionado com o fato da narradora ser surda e de se comunicar através da língua de sinais. De certo modo, a conversa lhe remetia à questão da própria identidade. E o que faz constar em sua escrita é algo que captou oralmente, mas fruto de uma circunstância em que teve a oportunidade da discussão prévia, em uma situação de interlocução, o que muda as condições de apreensão do que é dito. Faz, desse modo, alguma referência à conversa, em seu registro escrito, porque parece ter sido significativo para ele. Também menciona que eu anotava durante as entrevistas, algo que parece ter lhe afetado, especialmente porque era muito preocupado com o que eu pensava a seu respeito. Contudo, não faz qualquer alusão à relevância daqueles tópicos para ele,

tem premina tinha 22 anos;
ela fala porco e fala com língua
Brasileiro sinais que estudara
no Rio de Janeiro que gostaram
muito escola que aprendeu
muito coisa. que gostara
muito de isto.

Ana Paula afirmou a
menina falando e ANA Paula
screveu na folha.

ou qualquer outra análise mais precisa, podendo ser notada pouca maturidade na escrita. Além disso, é bastante provável a dificuldade na recepção através da leitura labial e o temor de não conseguir compreender.

Rita foi a única que explicitou dificuldades na recepção oral do texto, e que concordou com a oferta de uma segunda leitura oral. Os outros surdos recusaram, o que é bem curioso. Ela também pediu esclarecimentos sobre o conteúdo do texto, o que faz diferença em relação à compreensão e ao texto que produziu (Texto 7).

Rita captou vários aspectos importantes e também se impressionou com o conteúdo, que remetia à situação de sua identidade, inteiramente apartada do contato com a língua de sinais: "a estória é bonita, eu gostei, porque a criança desenvolveu muito, mesmo. As pessoas desenvolveu muito. Aprendeu mais coisa, aprendeu muita coisa".

Por outro lado, nem Rita nem os demais surdos oralizados fazem qualquer menção a uma das informações mais importantes do texto: a de que há uma estrita relação entre a utilização da língua de sinais e o desenvolvimento escolar e cognitivo dos surdos.

Considerando que as habilidades em língua oral dos surdos oralizados, em maior ou menor grau, não garantiram a produção de textos sem lacunas relevantes, um olhar para os textos escritos pelos surdos não oralizados, a partir da recepção do mesmo texto ("A escola de surdos"), através de língua de sinais, poderá lançar outras luzes sobre seu papel como mediadora dos processos de escrita e de leitura, no caso de surdos.

A língua de sinais na construção dos sentidos em relação à leitura e à escrita

A recepção do texto em língua de sinais, e a produção escrita a partir do mesmo, sugere significativas diferenças quando a mediação não ocorre através da língua oral.

Uma mulher estava contando que ela conheceu uma escola no Rio. As crianças cresceu muito, sabiam muitas coisas, aquela mulher fazia perguntar para elas, respondiam tudo, contava sobre a praia, o que elas brincavam.

Aquela mulher acha que no futuro, a vida vai melhorar muito mais do que atual. As crianças no futuro, vão fazer na faculdade, desenvolver muito mais.

Quando ela era mais novo, não sabia de nada. Atual, as pessoas melhoram muito. Ela ficou super emocionada.

Texto 7 - Rita

A seguir, os textos de Carlos e de Denise[29], os surdos não oralizados, que escreveram a partir do texto original em LIBRAS. (Texto 8 e 9, respectivamente).

São pouco satisfatórios os níveis de coerência, coesão e informatividade. Todavia, é possível notar no de Carlos (Texto 8), que ele captou da narrativa em língua de sinais e fez constar em seu texto escrito importantes elementos, como o fato de que a narradora vê perspectivas educacionais melhores para os surdos, no futuro (embora não tenha indicado, no caso, quem se beneficiaria em particular, como e por quê).

O texto de Denise também merece discussão.

Embora também haja muitos problemas em relação à coerência, coesão e informatividade, e outras inadequações, Denise faz constar no texto escrito aspectos fundamentais que estavam presentes na narrativa em língua de sinais (Texto 9).

Assim, embora os textos dos surdos não oralizados sejam de fato menos claros, do ponto de vista da forma, comparativamente aos textos produzidos pelos surdos oralizados, a percepção de elementos essenciais e sua inclusão na escrita é algo que marca uma grande diferença em relação à qualidade de suas produções.

Vários estudos mostram que a aquisição precoce e a utilização permanente da língua de sinais produz um desempenho melhor do surdo em todas as áreas acadêmicas, quando se comparam estudantes surdos que não tiveram língua de sinais em seus primeiros cinco anos de vida.

E quando há uma língua compartilhada, as condições de aprendizado são inteiramente diferenciadas. Valentini (1995, p. 87), por exemplo, em pesquisa sobre a construção da leitura e da escrita pelo surdo através da interação por rede telemática,

---

[29] Embora Frederico (surdo filho de pais surdos) também faça parte deste grupo, não participou de algumas provas da pesquisa, devido ao modo depreciativo como percebia suas produções de leitura e de escrita e ao modo como lidava com o ouvinte internalizado que eu representava para ele.

Tudo bem?
Sabia como televisão para palestra da surda.
Ela falando há lugar Rio Janeiro tem criança 4 ou 5 anos mais + menos, ela perguntou possível resposta mim já comunicação conseguiu para o futuro.
Qualquer as pessoas casado, exemplo: um filho vai desenvolvimento comunicar.
Agora já 1996 ano consigo comunicar para o surdo melhor.

Texto 8 - Carlos

Eliane reu no Rio de Janeiro.

Eliane encontrou para a criança de surdo.

Eliane ver as crianças 4 e 5 anos.

Eliane conversa com uma criança.

A criança quero demais gesto.

Eliane muito ótimo a criança é inteligente.

A criança gosta muito gesto.

Eliane respondeu você sabe o gesto.

A criança sei o gesto demais.

Eliane está muito emoçoõ ela todo o gesto.

Eliane falou:

Eu acho a criança é inteligente, muito estudar futuro.

Futuro o surdo muito estudar de vestibular.

Eliane passado não muito gesto.

Eliane agora melhor o surdo mais a criança de gesto.

Eliane ficou muito feliz, feliz.

Eliane ver muito a criança é bonita, legal.

A criança está muito o surdo é sorte.

Boa sorte.

28/04/97

Texto 9 - Denise

verificou que a existência de língua de sinais em comum possibilitava discussões e trocas de fato importantes, que permitiam aos pares surdos analisar os modos mais apropriados de construir textos, e melhorar a consciência metalinguística, já que podiam comparar língua de sinais e língua escrita.

Fosse, assim, a língua de sinais utilizada nos processos educativos nas escolas de surdos, e garantido acesso amplo e irrestrito dos estudantes surdos a práticas de leitura e de escrita, na escola e fora dela, e os resultados seriam bem diferentes.

Como lembra Conrad (1979, p. 140), quando as crianças ouvintes chegam à escola, já dominam uma língua e vão aprender a leitura, sua primeira língua estrangeira. Aos 16 anos, terão em média uma idade de leitura correspondente. Os surdos profundos, ao contrário, aos 16 anos, terão uma idade de leitura de 9 anos, se forem britânicos (CONRAD, 1977) ou americanos (DI FRANCESCA, 1972).

As pesquisas sobre os resultados dos surdos filhos de pais surdos revelam dados importantes e mudam a perspectiva sobre o papel da língua de sinais no desenvolvimento social, linguístico e acadêmico dos surdos.

Cerca de 5 a 10% dos surdos têm pais surdos (LANE, et al., 1996; MOORES & MEADOW-ORLEANS, 1990). A maioria aprende naturalmente a língua de sinais como primeira língua. Os pais se comunicam com a criança surda do mesmo modo que qualquer pai de qualquer criança ouvinte, através de uma língua completamente acessível a todos.

As crianças surdas oriundas desses contextos obtêm níveis mais altos em testes estandartizados, comparativamente àquelas filhas de pais ouvintes, e dominam o idioma do país com maior competência (QUIGLEY & FRISINA, 1961; STEVENSON, 1964; STUCKLESS & BIRCH, 1966; MEADOW, 1968; VERNON & KOHN, 1970, 1971; CORSON, 1973; BRASEL, 1975; STRONG & PRINZ, 1996). Muitos desses estudos indicam melhores níveis em várias outras áreas também, comparativamente aos surdos filhos de pais ouvintes, a saber: sociabilidade, desejo de comunicar com pessoas não conhecidas, maturidade, responsabilidade, vocabulário. No campo da comunicação oral, certos estudos apontam resultados equivalentes entre surdos filhos de pais surdos e filhos de pais ouvintes, ou resultados superiores dos primeiros, em relação à leitura labial e fala.

Charrow & Fletcher (1974) aplicaram a parte escrita do TOEFL[30] a dois grupos de estudantes surdos com algumas habilidades em inglês: um grupo era constituído de crianças surdas filhas de pais surdos, as quais adquiriram língua de sinais na infância; o outro grupo era composto por crianças surdas filhas de pais ouvintes, que aprenderam a se comunicar em língua de sinais no contato com seus companheiros e professores, a partir dos seis anos. Os autores concluíram que, de modo geral, o desempenho da amostra da produção de alunos estrangeiros assemelha-se mais à *performance* dos surdos filhos de pais surdos do que dos surdos filhos de pais ouvintes, concluindo que vários aspectos do inglês foram aprendidos como segunda língua, e que as habilidades de inglês dos surdos filhos de pais surdos foram superiores às dos surdos filhos de pais ouvintes, nos vários itens: estrutura do inglês, vocabulário, e habilidade de escrita. Ainda para aqueles autores, há maior confiança em relação ao inglês por parte dos surdos filhos de pais surdos, do que dos surdos filhos de pais ouvintes.

Mesmo sendo filho de pais surdos e tendo a língua de sinais disponível desde a mais tenra idade, os resultados de Frederico na leitura e na escrita não eram satisfatórios, o que poderia parecer uma contradição aos dados sobre os melhores resultados dos surdos filhos de pais surdos. Todavia, a competência em leitura e em escrita em absoluto pode prescindir, como tem sido enfatizado, do desenvolvimento de práticas de leitura e de escrita, praticamente ausentes em sua trajetória, embora fosse filho de pais surdos.

Ler e escrever é também dependente de alguma confiança que depositamos em nós mesmos. Frederico, durante os

---

[30] Teste de inglês como língua estrangeira.

testes da pesquisa, especialmente nos de produção escrita, travou uma verdadeira batalha, como se tentasse escapar do que definia como um defeito intrínseco. Tentou me provar, com vários argumentos, que escrever era algo fora de suas possibilidades, ao mesmo tempo em que enfatizava sua falta de hábito de pensar. Contrariedade, constrangimento e desistência em relação a escrever eram as atitudes predominantes. O primeiro teste de escrita, conforme descrito nos anexos, consistia em escrever a partir da leitura do texto "Conversa Fiada", com suas próprias palavras.

As duas sentenças do Texto 10 foi tudo o que o Frederico escreveu, depois de muita insistência minha. Quanto às demais provas da pesquisa, recusou participar. Apresentou vários subterfúgios para postergar e cancelar os encontros comigo, até que eu desistisse, o que se explicava pela vergonha que sentia diante da avaliação que supunha eu fazia da escrita.

Mesmo em contextos onde há autodepreciação, ainda é possível afirmar sobre as chances em potencial de aprendizado da leitura e da escrita por surdos filhos de pais surdos. Isto se explica pelas condições linguísticas disponíveis. Frederico cresceu em um ambiente linguístico onde a língua de sinais era constantemente usada por seus pais e irmã, também surdos. Frequentava as reuniões das Associações de Surdos, desde pequeno, e ainda que seu pai tivesse uma atitude ambígua e certo desprezo em relação à língua de sinais, como descrito anteriormente, Frederico estava constantemente circundado por surdos adultos que constituíam modelos positivos de identificação social e linguística. Aprendeu a admirar e a conhecera língua de sinais, e se apropriava da mesma como instrumento de significação do mundo; apesar dos temores e vivências de incapacidade em relação à leitura e à escrita, a língua de sinais era a chave da cognição. Frederico era o tutor-mor em sala de aula, esclarecendo as constantes dúvidas de seus colegas surdos, inclusive daqueles que tinham melhor desempenho escolar que o seu. Conforme ele próprio relatou, temas de Ciências, como o aparecimento da ferrugem, o plantio da cana-de-açúcar, a

CONVERSA FIADA

~~ERA NÃO CONHECE O MENINO~~
ERA UMA VEZ O HOMEM MUITO VELHO

extração do petróleo e a industrialização da borracha, podiam ser entendidos quando eram trazidos à uma discussão que permitia a socialização do conhecimento, por terem a língua de sinais em comum. Uma situação paralela e meio clandestina ocorria na sala de aula, por não ser a LIBRAS comum entre professores e estudantes surdos. Mas era lá, de fato, que as trocas e o aprendizado ocorriam, porque quando a escrita é significada a partir da língua de sinais, as condições de compreensão são inteiramente diferentes. Como descreveu um outro surdo, "na época anterior[31], eu guardava as palavras [do vocabulário] prático, por exemplo, necessário, fundamental, outras coisas. Eu guardava. Mas sentir o que significa, não tem nada... Agora, língua de sinais eu comecei a descobrir o que significa" (Adriano, sujeito surdo do pré-teste da pesquisa).

Ao mesmo tempo, para muitos surdos, como Carlos, era muito intrigante ser capaz de entender a língua de sinais, mas não a leitura. Desejava ambas, mas não sabia como transformar leitura em língua de sinais. De certo modo, se sentia culpado por não saber fazer algo que cabia à educação que lhe era oferecida fazer. As escolas de surdos, por sua vez, têm ignorado que a língua de sinais é a língua que permite construir sentidos em relação à escrita e à oralidade, línguas que para os surdos se constituem como estrangeiras.

Por entender que a oferta de língua de sinais é uma necessidade política e cultural, além de pedagógica e educativa, outras abordagens propõem organizações curriculares e metodológicas que possibilitam a formação de sujeitos surdos letrados. Denominadas abordagens bilíngues, admitem o fracasso da educação vigente, reconhecem que os surdos não se tornaram leitores por meio das práticas oralistas e bimodais, tampouco elas têm lhes propiciado escrever bem, comunicar satisfatoriamente, assumir a língua de sinais como uma língua completa e indispensável e construir uma identidade positiva em relação à surdez.

---

[31] Significando a época em que não havia aprendido a língua de sinais.

A EDUCAÇÃO BILÍNGUE:
EDUCAÇÃO PARA A MUDANÇA

A educação bilíngue, segundo a definição da UNESCO (1954, apud Skliar 1998) é "o direito que têm as crianças que utilizam uma língua diferente da língua oficial de serem educadas na sua língua". Inovando as práticas de ensino e a maneira de conceber a surdez, a educação bilíngue para surdos propõe a instrução e o uso em separado da língua de sinais e do idioma do país, de modo a evitar deformações por uso simultâneo.

Muitas propostas, embora denominadas bilíngues, são ainda repetições de programas oralistas e de Comunicação Total. É possível identificá-las através do discurso ambíguo que apresentam, valorizando e reconhecendo a língua de sinais ao mesmo tempo em que advogam a inserção dos surdos em escolas regulares, entre outras atitudes. A educação bilíngue propõe que os processos escolares aconteçam nas escolas de surdos, obviamente não segundo o modelo clínico-terapêutico, ainda oferecido. Reconhece as intensas dificuldades e problemas do surdo em classes com estudantes ouvintes, e não há adesão às propostas de integração e de inclusão escolar.

A língua de sinais é concebida como a língua materna de pessoas surdas, e a educação bilíngue propõe a exposição a ela o mais cedo possível, de modo a oportunizar o desenvolvimento dos processos cognitivos e de linguagem, através de programas de atenção linguística precoce, como enfatiza Ramirez (1999, p. 52), e que diferem radicalmente de modelos clínicos, oferecidos sob as mais diversas denominações.[32]

Um dos principais fundamentos da educação bilíngue é a participação igualitária dos surdos nas escolas, dividindo o controle, a administração e o ensino. Para tanto, é necessária a mudança de pressupostos em relação aos surdos e à surdez.

Tornar-se letrado numa abordagem bilíngue pressupõe a utilização de língua de sinais para o ensino de todas as disciplinas. Proporcionada como primeira língua (L1), o aprendizado da língua de sinais é oferecido aos surdos em situações significativas, como jogos, brincadeiras e narrativas de estórias, mediante a interação com outros surdos adultos competentes em língua de sinais. Faz também parte do projeto bilíngue que todo o corpo de funcionários da escola, surdos e ouvintes, e os pais, aprendam e utilizem a língua de sinais.

A língua de sinais também existe como disciplina curricular nos vários níveis escolares. Os surdos aprendem também sobre as línguas de sinais de outros países, sobre as organizações de surdos, sobre a Cultura Surda e outros temas de importância.

A língua escrita e a língua oral são ensinadas como línguas estrangeiras (L2) na educação bilíngue, sendo dependentes da aquisição de língua de sinais. A competência nesse campo possibilita aprender outras línguas, o que em geral se faz por metodologia de contraste entre os sistemas linguísticos – *instrução comparativa* – por meio da qual o surdo desenvolve

---

[32] Estimulação precoce, intervenção precoce e outras.

habilidades linguísticas e metalinguísticas e aprende a respeitar as diversidades existentes na língua oral, escrita e de sinais. Em países como a Dinamarca e a Suécia, a educação bilíngue tem formado sujeitos surdos competentes em língua de sinais, leitura e escrita. Desde 1981, a educação bilíngue foi oficialmente implantada pelo Parlamento sueco e grande parcela da população surda daquele país hoje trabalha em áreas que exigem formação universitária. Alguns países da América Latina têm iniciado programas de educação bilíngue, e no Brasil esta é uma ideia ainda pouco conhecida, embora algumas tentativas em algumas partes do país tenham se iniciado.

O trabalho da Suécia merece uma análise, porque aponta para um conjunto de condições necessárias para a implementação da educação bilíngue.

A partir do que relata Walin (1990, p. 23-47), desde 1969 os surdos suecos chegaram a importantes conquistas como a escola de formação de intérpretes de língua de sinais.

Porém, foi com o reconhecimento em 1981 da língua de sinais pelo Parlamento e com a implantação da educação bilíngue como orientação educacional naquele país, que a mudança foi impulsionada. A língua sueca de sinais passou a ser oficialmente língua de instrução para os surdos, além do sueco escrito. Desde então, o processo de mudança foi se organizando com a introdução de um novo currículo, do qual constasse a língua de sinais como disciplina, entre outras exigências.

Além de uma lei maior, foram sendo progressivamente estabelecidas outras condições indispensáveis, entre elas, que os profissionais responsáveis pela formação de professores de surdos tivessem conhecimento prévio da língua de sinais. Também as escolas de surdos passaram a admitir professores surdos e outras instituições públicas começaram a incluir representantes surdos em seus quadros de funcionários.

Mudanças foram ocorrendo, ainda, em relação a outros setores: isenção de impostos dos trabalhos prestados pelos intérpretes de língua de sinais; oferecimento, em larga escala, de cursos de língua de sinais para pessoas ouvintes interessadas; transmissão em língua de sinais da maioria dos programas televisivos; determinação de que os professores de surdos se habilitassem em língua de sinais; investimento na produção de vídeos e outros materiais para a instrução da língua de sinais; inserção de pessoas surdas em profissões de nível superior, formando psicólogos, assistentes sociais, professores, produtores de TV, pesquisadores etc.

Em 1990, época em que as constatações de Wallin foram publicadas no Brasil, cerca de 90 a 95% dos pais ouvintes suecos, cujos filhos eram surdos, já utilizavam a língua de sinais na comunicação. Ainda que não fossem inteiramente fluentes, eram capazes de compreender o que os filhos surdos diziam e a comunicação mediante a língua de sinais era admitida sem ressalvas: "A atitude para com as crianças surdas e para com a língua de sinais é fundamental para o desenvolvimento de linguagem" (WALIN, 1990, p. 27), condição tão importante quanto ter competência em língua de sinais.

Três circunstâncias promoveram e sustentam a continuidade do modelo bilíngue na Suécia: a pesquisa sobre a língua de sinais, a participação da Comunidade Surda e a cooperação das organizações de pais de surdos.

A pesquisa sobre a língua de sinais tem contribuído para afirmar o status linguístico da língua de sinais. É crescente o orgulho e reconhecimento dos surdos em relação à língua de sinais, e progressivamente deixaram de usá-la somente nas associações de surdos e nos pátios das escolas. Os pesquisadores, por outro lado, além do trabalho acadêmico de investigação científica, começaram a participar da Associação Nacional de Surdos e de outros espaços de discussão, divulgando a língua de sinais e contribuindo para mudar as atitudes de pais, professores e da sociedade em geral. Acredita a Associação Nacional de Surdos da Suécia que a pesquisa sobre língua de sinais foi o elemento responsável pela abertura da sociedade sueca à participação ativa dos surdos, somada aos esforços políticos para propiciar mudanças. Os intérpretes de língua de sinais, cada vez em maior número, contribuíram para tornar a opinião dos surdos socialmente conhecida. Na atualidade, na Suécia, todo o tipo de informação está disponível para os surdos, e a língua de sinais é meio de comunicação não apenas entre surdos, mas também entre surdos e ouvintes, fora do âmbito escolar.

Outro pilar do modelo bilíngue na Suécia foi a participação da Comunidade Surda. As associações de surdos existem na Suécia desde 1868. Em 1922, todas elas formaram a Associação Nacional. Existem, há muito, canais tranquilos e seguros de comunicação entre as diversas associações e a Associação Nacional. O comitê diretor é eleito a cada três anos pelas 47 associações de surdos do país, em um Congresso. Ainda segundo Wallin, a Associação Nacional Sueca é forte, possui um plano de ação para cada dez anos, e há muitas indicações de que não é corporativista e fechada em si mesma, como ocorre em muitos países.

Essas condições propiciaram o nascimento de uma "consciência surda": os surdos passaram a entender a opressão sofrida pela imposição da língua oral e a rejeição da língua de sinais e entenderam por que eles próprios desvalorizavam a língua de sinais. Organizaram campanhas para mudar a perspectiva dos ouvintes em relação à língua de sinais, e também a atitude dos próprios surdos. Tais campanhas iniciaram-se quando os surdos compreenderam que eram sérias e intoleráveis as consequências do uso do bimodalismo/sueco sinalizado, que se opunha à língua de sinais, e que invadia a mentalidade dos surdos. Ainda segundo Walin, na Suécia, atualmente, não há mais práticas oralistas e de Comunicação Total/sueco sinalizado, e a Associação Nacional tem lugar assegurado na escolarização do surdo, e na discussão nas escolas sobre as políticas educacionais, embora o número de professores surdos, segundo dados mostrados por Jokinen (1999, p. 113), ainda pareça pouco expressivo.

O terceiro fator fundamental do modelo bilíngue na Suécia foi a cooperação das organizações de pais de surdos. Os pais chegaram à conclusão de que colocar as crianças surdas nas escolas regulares não era apropriado. Entretanto, existiram muitas dificuldades no período de transição. Houve muitas resistências e a Comunicação Total, com a prática bimodal, exerceu grande influência também naquele país. Levou algum tempo até que essa prática fosse abolida e que os surdos percebessem que podiam ler apenas de modo mecânico, quando o faziam por meio do sueco sinalizado, que tinham uma língua de sinais rica e que estavam sendo oprimidos em suas identidades.

Desde então, o surdo inicia a escolarização dominando uma língua, a língua de sinais, com autoconfiança e preparo linguístico e cognitivo necessário ao aprendizado de outras línguas.

O ensino da língua escrita e da língua oral utiliza estratégias típicas de ensino de segunda língua (BERGMANN, ANDERSSON, SVARTHOLM & STROMQVIST, apud QUADROS, 1997, p. 82). Uma das maneiras é por intermédio da linguística contrastiva (QUADROS, 1997, p. 101-105). Como mencionado anteriormente, mediante diversos modos de instrução comparativa, cada uma das línguas é respeitada e estudada em suas especificidades. Essa metodologia também foi descrita por vários autores, como Rampelli & Maragna (1985 apud GÓES 1996, p. 58): no trabalho com adolescentes surdos, analisam correntes educacionais, estabelecem distinções entre língua majoritária e língua de sinais, tendo como resultado a ampliação da reflexão sobre as duas línguas e sobre as variedades dialetais da língua de sinais, além da melhora qualitativa da escrita; Davies (1991 também citado por GÓES, op.cit.), salienta a importância da indicação constante pelo professor, quando se trata de língua escrita e de língua de sinais, como uma conduta que melhora a consciência das diferenças entre as duas línguas.

As habilidades metalinguísticas constituem questão nuclear na educação bilíngue para surdos. Além dos efeitos sobre a produção escrita, refletir sobre a língua e a linguagem também possibilita aos surdos compreender as relações entre eles e os ouvintes. Porque, como indica Sanchez (1995, p. 28), se antes as relações se exerciam predominantemente na direção do domínio da oralidade, o risco da atualidade para os surdos é tomar a escrita como obsessão de conquista de poder para equiparação com o ouvinte.

Outro valor de base na educação bilíngue é a leitura. A importância dada à leitura é parte do conjunto de condições necessárias para que os surdos se tornem competentes em ler e escrever.

A leitura é um valor não apenas para os surdos – é um valor cultural na Suécia, bem como a tradição de multilinguismo.

Na escola, enquanto o surdo não adquire domínio da leitura e da língua de sinais, não é introduzido o trabalho com a escrita (SVARTHOLM, 1997). Habilidades em ambos os campos possibilitam o desenvolvimento posterior da escrita, o que não aconteceria se fosse introduzida concomitantemente à leitura. Quando, porém, a demanda da escrita é colocada pelo surdo, o professor procura trabalhar o que quer escrever, para quem e por quê.

O investimento maciço na leitura inclui a prática cotidiana de estabelecer pontes entre o texto escrito e a língua de sinais, mediante a tradução. A tradução do texto em sueco para a língua de sinais é feita na íntegra e em cada uma de suas partes, sendo o sueco escrito e a língua sueca de sinais permanentemente confrontados, através da instrução comparativa.

Os alunos surdos têm acesso a textos variados, desde o início da escolarização. Os materiais de leitura são bastante diversificados. Muitos livros têm personagens surdos, o que contribui para uma identificação positiva em relação à surdez.

A leitura e a escrita são tornados objetos de conhecimento: os surdos aprendem a refletir sobre os usos sociais da leitura e da escrita. Aprender a ler e escrever não é apresentado aos surdos como questão de poder, nem está centrado em atividades linguísticas do tipo "separe dois verbos", "grife os adjetivos".

Há um ambiente de leitura também fora da escola, e pais, professores e também surdos leitores são modelos de leitura. Destaca-se, ainda, a obrigatoriedade de legendas em todos os programas televisivos; as legendas são consideradas úteis no desenvolvimento de leitura de modo geral, para surdos ou não.

Com relação à língua de sinais, aprende-se por intermédio dela e sobre ela. Há, ainda, valorização intensa da atividade de narrar: os surdos contam e veem outros contarem estórias, reais e imaginárias, em língua de sinais, a partir ou não de textos escritos. E aprendem a não conceber o aprendizado da língua escrita como uma ameaça à supressão da língua de sinais e, por conseguinte, à sua identidade. Aprendem a dar valor equivalente à língua escrita, à língua oral e à língua de sinais.

Há investimento na formação de professores para surdos e também na admissão de professores surdos como parte do corpo docente da escola. Modelos para as crianças surdas ajudam-nas a desenvolver uma autoimagem positiva e a adquirir competência comunicativa (ERTING, 1988, p. 192). Mas a aceitação da admissão de professores surdos nas escolas ainda é muito temida, e causa enorme impacto e ameaça aos professores ouvintes, na medida em que ficam à margem do que se passa, por não compartilharem a língua de sinais, e por se sentirem submetidos a ter que pedir ajuda aos professores surdos (VEINBERG, 1999, p. 146).

A proposta bilíngue depende, assim, da mudança dos estereótipos e das representações sociais sobre os surdos e a surdez, da alteração das relações de poder e de saber entre surdos e ouvintes e do reconhecimento do fracasso escolar dos surdos em todos os níveis (SKLIAR, 1997, p. 57). Implica, ainda, no reconhecimento do direito do surdo à língua de sinais para que possa participar do debate cultural de sua época (SKLIAR, 1996, p. 5).

Podemos dizer, assim, que a educação bilíngue trabalha na perspectiva de formar cidadãos e não fonoarticuladores e leitores de lábios de palavras ou frases simples. Rompe com as mentalidades mantidas pelo Oralismo e, por extensão, pela

Comunicação Total. Afirma o status linguístico da língua de sinais e reserva ao surdo um lugar relevante na educação. A aceitação da educação bilíngue ainda é pequena. O etnocentrismo e a ausência de exposição a uma variedade de situações culturais são variáveis que interferem diretamente na adoção dessa proposta (WOODWARD, 1978, p. 14-19). Programas bilíngues dependem de atitudes positivas em relação aos surdos e à língua de sinais.

No presente momento, a utilização da prática bimodal na educação de surdos constitui, no meu modo de ver, um dos principais problemas, especialmente porque vem sendo tratada como sinônimo de educação bilíngue, ou oferecida como parte de propostas que se dizem bilíngues. É dela que trato a seguir.

O BIMODALISMO NA EDUCAÇÃO DOS SURDOS

A Comunicação Total ainda é oferecida na educação dos surdos como opção antagônica ao Oralismo, embora muitos autores discordem.

Seu conjunto ideológico faz várias proposições e, em todas elas, subjaz, obviamente, um modo de pensar a surdez e os surdos.

Interessa-me tratar neste capítulo das concepções que permeiam as práticas da Comunicação Total, em especial a prática bimodal, ou bimodalismo[33], utilização concomitante de língua oral e de sinais da língua de sinais.

Erroneamente se toma o bimodalismo como o somatório de língua oral e de língua de sinais. Não é possível, por razões linguísticas. Dizer, por exemplo, "eu venho trabalhando como professora de surdos há muitos anos", em LIBRAS e em português

---

[33] Ou, ainda, em outra denominação, português sinalizado, quando a língua de referência é a língua brasileira de sinais/LIBRAS.

sinalizado, é de uma diferença abissal. Mas como a língua de sinais se realiza a partir de outros parâmetros linguísticos, baseados em visão e movimento, e embora não haja dúvidas sobre seu estatuto de língua, a diferença não é tolerada, e correções a ela têm sido continuamente propostas. A diversidade lexical e sintática da língua de sinais, comparativamente à língua oral, tem dado margem a afirmações sobre a inadequação de sua estrutura linguística e legitimado supostos acréscimos e consertos, tendo sido considerada língua deficitária. Assim também fizera o abade L'Epèe, no século XVIII (1712-1789), embora com uma denominação diversa – "sinais metódicos" – depois de ter fraquejado aos apelos preconceituosos da época e ter esquecido a riqueza de possibilidades que a língua francesa de sinais proporcionava aos surdos de Paris, fato que antes ele mesmo presenciara e admitira. Contudo, o imperialismo de certas ideias é mantido através do oferecimento de atrativos muito sedutores, tais como o bimodalismo.

Uma das maneiras refinadas de sustentar a prática bimodal consiste em *reduzir a importância da forma de dizer*; argumentando não ser importante como se diz, e sim o que se tem a dizer, é permitido aos interlocutores uma baixa exigência em relação à forma linguística.

Além de dificultar a estruturação do pensamento, já que com a busca constante de ajuste entre fala e sinais perde-se o fio condutor do assunto, a simultaneidade veiculada pelo bimodalismo deforma a enunciação, que se torna uma montagem artificial, e sempre baseada na língua oral.

A prática bimodal omite partes dos enunciados, porque muitos sinais não são conhecidos pela pessoa que enuncia bimodalmente. E também porque não há isomorfismo de categorias linguísticas, isto é, a cada sinal não corresponde exatamente um signo verbal ou escrito (FERREIRA BRITO, 1993, p. 36), exceto em algumas ocasiões, quando certos sinais podem ser traduzidos em palavras que existem nas línguas orais. Mas não ocorre assim na maior parte da comunicação bimodal, o que faz com que o interlocutor dê continuidade àquilo que chama conversa, ou leitura, quando é o caso: tenta corresponder sinais às palavras faladas, e apesar de algum eventual incômodo com a ausência de correspondência isomórfica, e da falta de entendimento do surdo, segue adiante.

Também é assegurada uma fartura de possibilidades, além da *validação do genérico*, ou seja, é afirmado que tudo pode e deve ser usado, em nome da comunicação, em um pacote que também promete várias línguas ao surdo. A oferta de várias línguas, entendida erroneamente como sinônimo de bimodalismo, não ocorre de fato.

Pensando que para transmitir um conteúdo deve-se lançar mão de tudo ao alcance, muitos professores empreendem um esforço hercúleo e estabanado, pretendendo resolver o problema do ensino e da comunicação: "Dentro da Comunicação Total tem tanta coisa para lançar mão, para te ajudar. É a tal coisa: se eu tiver que me jogar no chão para que o surdo entenda, eu vou me jogar no chão" (professora de surdos, apud SÁ, 1999, p. 114). Quando o que está em pauta é comunicar – tornar comum algo entre eu e o outro – e quando os estudantes são surdos e almejam tornarem-se letrados, o professor não precisa se jogar no chão, porque reconhece a necessidade de ter uma língua compartilhada – a língua de sinais – para então ensinar a língua escrita e a língua oral. Esse professor não prescinde de ter uma língua comum, em detrimento do uso de recursos, porque estes proporcionam aproximações de sentidos, mas a superficialidade das mesmas não pode ser ultrapassada sem uma língua comum. Recursos de comunicação se tornam, assim, arranjos para suprir a ausência do prioritário – língua de sinais compartilhada – termo repetitivo, mas que faz grande diferença – na sala de aula e na escola de surdos.

Culpabilizar o professor não pode ser meta educativa, e isenta de responsabilidade o sistema educacional, que tece uma espécie de teia antipedagógica que desgasta seu trabalho, não lhe oferece condições ou estimula seu compromisso com a mudança. Embora também seja função das políticas educacionais oferecer as condições de trabalho necessárias a esse professor, entre elas o desenvolvimento de competências em língua de sinais, a mudança é também dependente de um compromisso pessoal do professor, com ela, e de uma atitude positiva em relação ao ato de aprender.

As condições que o sistema educacional oferece são frequentemente perversas; as que me foram oferecidas, por exemplo, enquanto professora de surdos, foram mínimas ou inexistentes, em certas épocas, como para os outros professores. Se eu tivesse esperado a iniciativa do sistema público estadual do qual fiz parte por dezessete anos, nunca teria aprendido língua de sinais e outras coisas que precisava e queria. E se o tivesse culpabilizado, por certo seria o início de uma passiva, longa e ressentida jornada. Alguns colegas professores reclamavam ser dispendiosa a formação em língua de sinais. Mas o que fundamentalmente garantia a construção de minha competência em LIBRAS era o tempo que eu dispendia na interação com os surdos na escola e na Comunidade Surda, ao longo de uma vida. Rotina e repetição me custavam o preço dos ônibus que eu tomava para ir às Associações de Surdos, ou da gasolina do carro, quando "melhorei de vida", diga-se de passagem, às custas do meu trabalho.

Hoje, quando vejo professores de surdos em condições desfavoráveis que ainda perduram, mas mesmo assim aprendendo e se tornando competentes em LIBRAS, vejo também os que se queixam permanentemente da ordem dos acontecimentos, e que por isso acabam mantendo a mesma ordem pedagógica, ordem esta que se opõe ao novo que vem, por exemplo, com a educação bilíngue.

Os modos encontrados pelos professores e outros educadores de surdos, para manter essa ordem, e que gostaria de discutir em relação à prática da Comunicação Total, são: afirmar a radicalidade das oposições às práticas bimodais, salientar o ritmo lento inerente aos processos de mudança e destacar a provisoriedade das atitudes, ao mesmo tempo em que a mudança é prometida, e para breve (embora não se saiba quando).

Afirmar a radicalidade das oposições significa chamar de autoritário o oponente das práticas bimodais. Para esta estratégia, justapõe-se ao conceito de radicalismo o de autoritarismo, como se fossem um só. "O que me agrada na Comunicação Total também é a falta de imposições. Eu tenho muito problemas com sistemas que impõem em termos de linguagem: tem que fazer assim, tem que fazer assado", diz uma professora de surdos (apud Sá, 1999, p. 115). A etimologia da palavra "radical" deriva de "raiz"[34]; radicais são, assim, aquelas pessoas interessadas em conhecer a raiz dos problemas, a origem das confusões e das artimanhas. Porém, um modo de dispersar o oponente é chamá-lo de autoritário, mesmo que não o seja. A denominação é temida especialmente nas sociedades democráticas ou nas que têm a democracia como ideal, de modo que despertar o temor se torna um modo de silenciar o oponente, que se perde na discussão sobre se é ou não radical, se impõe ou não, ao invés de se perguntar sobre as estratégias discursivas utilizadas na argumentação e que função elas cumprem.

Salientar o ritmo lento inerente aos processos de mudança e destacar a provisoriedade das atitudes, ao mesmo tempo em que a mudança é prometida, e para logo, é uma forma de manter baixos desempenhos sem se culpar ou se autoavaliar negativamente, sem se expor à crítica externa e sem de fato mudar. Uma professora de surdos que não se compromete em investir maciçamente em seu aprendizado e fluência em língua de sinais, que passa anos com o mesmo acervo linguístico e que frequentemente diz que tem muito o que aprender, ao mesmo tempo em que não muda mas sabe de cor todas as razões que lhe impediram mudar, salvaguarda suas boas intenções. Porém, o tempo de mudar nunca chega, enquanto anuncia, sem pudor, "estou no meu ritmo" ou "a gente muda é devagar, com o

---

[34] Radical vem do latim tardio – *Radicalis* – ter raízes, do latim *radic-*, raiz. (Fonte: *The American Heritage Dictionary*, 3ª edição, 1992. Houghton Mifflin Company)

tempo". De modo semelhante, diria o mesmo aquela professora de surdos que anteriormente indicou o quanto se dá bem com sistemas "sem imposição": "A Comunicação Total[...], para o que nós temos hoje, ela significa uma oferta justa, porque a grande maioria das pessoas não tem o conhecimento da Língua de Sinais que nós desejaríamos, com que sonharíamos, porque é muito recente. Eu não posso imaginar que numa escola que emprega 45 professores, todos eles sejam capazes em Língua de sinais, no nível que sonhávamos. Isso é uma falta de realidade. Talvez no futuro, mas hoje não. Então, o que é que a gente faz?[...] Eu tenho que ensinar hoje, com o que eu tenho hoje. E o que eu tenho disponível é isso" (apud SÁ, 1999, p. 122). Que futuro é esse que só pode ser sonhado, mas não tornado real? Pode ser considerada justa uma oferta que não ultrapassa o nível do provisório? A resposta obviamente é não. "Eu tenho que ensinar hoje, com o que eu tenho hoje, e o que eu tenho disponível é isso", e os surdos que se contentem.

Os que são a favor do bimodalismo também procuram *contrapor as diferenças entre o trabalho dos profissionais da Educação e dos profissionais da Linguística*, com o objetivo de legitimar a prática bimodal: "nós [professores de surdos] também não vemos tanto problema na simultaneidade como a maioria dos linguistas vê. No dia a dia, nós vemos que é muito prático para o surdo e para o ouvinte usar uma simultaneidade. Em discursos, palestras, em momentos formais de comunicação, a gente procura separar: uma pessoa utilizando a Língua dos Sinais e outra utilizando a Língua Portuguesa. Só que na corrida da sala de aula e no dia a dia, a simultaneidade ocorre muitas vezes, e nós não temos nada contra: achamos que é perfeitamente válido" (apud SÁ, 1999, p. 115). Esta fala é também parte do depoimento daquela professora de surdos que pensa ser utópico ter uma oferta linguística de qualidade, na educação dos surdos. Ao atribuir um status superior ao trabalho pedagógico, afirma-se sua relevância e o comprometimento do professor com o que é prático, objetivo. Os professores de surdos passam, assim, a ser concebidos como os que verdadeiramente se preocupam com as práticas pedagógicas oferecidas ao surdo e com as mazelas do cotidiano de ensinar, e não perdem tempo analisando a conveniência da simultaneidade oferecida pelo bimodalismo, à diferença dos linguistas, pois "têm mais o que fazer". Ao afirmar a importância de um fazer pedagógico e ao mesmo tempo isentá-lo de rigor, porque o professor "corre no dia a dia", cria-se uma forma de autorizar, legitimar e valorizar o uso do bimodalismo. Cresce, desse modo, o prestígio dos professores de surdos, e reduz-se a importância dos questionamentos dos linguistas ou de quem quer que postule os sérios problemas decorrentes das práticas bimodais. Uma astúcia primorosa, embora vil, porque cria um campo mental favorável a uma adesão rápida, irrefletida e baseada no senso comum, à ideia que o professor de surdos é, em si, dedicado, interessado e preocupado com a qualidade do trabalho oferecido ao aluno.

Temos de nos perguntar, também, por que há de ser mais rigorosa a utilização diglóssica de duas diferentes línguas fora da sala de aula, e não também, e especialmente, dentro dela?

Como lembra Góes & Souza (1999, p. 166), "os professores frustram-se, preocupam-se, acomodam-se ou resistem de várias formas" e permanece intocada a discussão sobre a ideologia subjacente à proposição de novos planos e políticas educacionais, ou dos sucessivos fracassos das mesmas.

Outra falácia bastante comum é a apresentação e defesa do *bimodalismo como expressão da solidariedade e da reciprocidade nas relações entre ouvintes e surdos*. Na verdade, o bimodalismo mantém a língua do ouvinte. Embora pretenda ser politicamente correto e tenha o discurso da valorização da diversidade, representa o sistema de maior facilidade para o ouvinte em comparação à complexidade visual e motora demandada pela língua de sinais. Quando se diz que "a melhor forma de linguagem a ser eleita deverá ser aquela que os familiares ouvintes puderem aprender com maior rapidez e maior facilidade, e da qual puderem fazer um uso mais confortável, quando a praticarem com os filhos surdos" (CICCONE, 1990, p. 81), não resta a menor dúvida quanto ao que é de maior facilidade para o ouvinte. A língua de sinais exige o desenvolvimento de habilidades visuais, entre elas lidar com as várias possibilidades comunicacionais da mirada. Requer competência em situações para as quais os ouvintes não têm preparo, porque se baseiam na oralidade e na audição. Todavia, as habilidades estão ao alcance do aprendizado, que tem como resultado, obviamente, um desempenho compatível ao de um ouvinte que adquire a língua de sinais como segunda língua e não como falante nativo dela. E os graus de fluência dependem, por certo, da dedicação individual à construção da competência linguística.

E quanto à "melhor forma de linguagem a ser eleita", uma escolha já foi feita: basta olhar para a denominação "português sinalizado", sinônimo de bimodalismo.[35] A adjetivação, dada pelo vocábulo "sinalizado", refere-se ao substantivo "português" e o próprio termo demonstra que não houve nenhum tipo de negociação, muito menos democrática.

O bimodalismo pretende, assim, resolver o problema do ouvinte, indisposto a aprender uma língua diferente da sua e de mudar de perspectiva em relação aos surdos e à surdez, e de deixar de fazer acordos que autorizam o surdo a usar sinais em troca de fala. Através da *lisonja*, é elogiada e encorajada a comunicação oral – "pode fazer sinais... mas você fala tão bonito..." – e os esforços daqueles surdos que tentam verbalizar, encobrindo um modo colonizador de pensar a surdez, através de apelos tão emocionalmente fortes quanto os dos oralistas:

> têm-se aconselhado práticas bimodais desde um início, quando mães ouvintes têm recebido, da parte de profissionais especializados, os incentivos necessários a um "baby-talk" que inclua ambos: cada uma delas e o seu filhote surdo. [...] E temos constatado por aí, que fica mais natural para esses dois personagens – mãe ouvinte e filho surdo – o acontecimento que planta a humanização desses filhotes que não ouvem, porque de suas

---

[35] Ou, de acordo com os diferentes idiomas, inglês sinalizado, francês sinalizado, e assim por diante.

primeiras matrizes de significações lingüísticas não se exclui a fala de uma mãe. Não se está a fazer deste filhote um estrangeiro em seu próprio lar. (CICCONE, 1997, p. 8).

Crianças surdas passam a ser "filhotes" e "personagens" de um cenário de harmonia fictícia e um tom de aconchego é oferecido ao discurso. É cogitado o risco do isolamento familiar do surdo, através de um tom profético e atemorizador, e proposto o bimodalismo como solução interativa. Um discurso que seduz, subrepticiamente, as mães ouvintes e outros que podem vir a ser consumidores do que futuramente se converte em livro, CD-Rom, sessão fonoaudiológica, vídeo ou similar, e que é, portanto, lucrativo. Ao mesmo tempo, é reforçado o mito do amor materno, e a crença de que todas as mães de filhos surdos desejam ardentemente a comunicação com seus filhos. Este sistema de crenças parece funcionar, ainda, em um clima que desencoraja o contato com adultos surdos fluentes em língua de sinais, vistos como capazes de distanciar os filhos surdos de seus pais ouvintes. Existe uma espécie de ciúme em relação a estes surdos adultos, que representam uma perigosa ameaça.

Um outro motivo que subjaz a utilização do bimodalismo, pelo ouvinte, é o temor de ser lento, desajeitado e ridículo. Este medo parece ser mais evidente nos professores de surdos do que em outros enunciadores bimodais ouvintes.

À lentidão está associada a ideia de incompetência. Todavia, a língua de sinais se constitui como língua estrangeira para o ouvinte, que, por mais fluente que seja, sempre a utilizará como segunda e não como primeira língua. Mas aprendemos em nosso processo de socialização o equívoco de que ser lento é sinônimo de atraso cognitivo. E, além disso, usar uma língua estrangeira, ser ouvinte ou ser surdo, são circunstâncias sujeitas a um mercado simbólico que se instaura, nos termos de Bourdieu (1996), no qual, o que e como eu falo é ou não valorizado, e o que eu penso sobre as pessoas envolvidas, o que penso a respeito de mim mesmo e o que penso que pensam de mim, influencia sobremaneira a construção da própria competência e fluência em uma determinada língua.

O temor de ser desajeitado e ridicularizado também é frequente, e pode ser manipulado pelo surdo, como discuto adiante. Porém, o ouvinte não se lembra de que é ouvinte, ou se "perdoa" por sê-lo, nem se dá o tempo e as condições necessárias para aprender a usar suas mãos, braços e face, em especial, para se comunicar com clareza e precisão através de língua de sinais. Além disso, porque o ouvinte é capaz de ser mais veloz através do bimodalismo do que através da língua de sinais (já que a base do bimodalismo é a fala), ele opta pelo bimodalismo como uma forma astuciosa de aparentar uma fluência que não tem. Como muitos julgam língua de sinais e bimodalismo equivalentes, não há diferenciação entre as duas enunciações, e se além disto as mãos se mexem rapidamente, a conclusão, muitas vezes, é a de que o que está sendo usado é língua de sinais.

Ainda são vigentes as tentativas de valorização do bimodalismo e da Comunicação Total, e emergem em um momento, especialmente da cena brasileira e latino-americana em que cresce a discussão sobre a educação bilíngue para surdos. De acordo com Ciccone (1997, p. 10),

> uma mesma mensagem – no caso de uma língua oral – é produzida, congruentemente, por dois modos diversos e concomitantes. Sendo que, por tal alternativa se tem o ganho de presentificar visualmente o PORTUGUÊS, num trabalho que se quer bilíngüe, na área da surdez.

Não há, como é afirmado, produção congruente da mensagem no português sinalizado. Tampouco a prática bimodal é parte da educação bilíngue para surdos, ou seu sinônimo. Sem esquecer que "dois modos" (bimodalismo) não é, em absoluto, o mesmo que "duas línguas". Mas há uma pretensão de estabelecer uma equivalência entre bimodalismo e educação bilíngue, como estratégia para a divulgação e admissão das ideias da Comunicação Total, especialmente neste momento em que cada vez mais se discute a educação bilíngue para surdos.

Um outro lado da mesma moeda é a proposição de *cued speech*, entendido como

> sistema de comunicação visual planejado para uso com deficientes auditivos, e entre eles, e que em inglês utiliza oito configurações de mão, localizadas em quatro diferentes lugares, perto da face, a fim de suplementar o que é visto através da leitura labial, e tornar clara e visível a língua falada... (CORNETT & DAISEY, 1992, p. 15)[36]

As configurações de mão representam os sons das consoantes e a localização das mãos denota os sons das vogais. Supõe-se que elas se combinam com os movimentos naturais da fala e oferecem acesso à língua falada. Cornett, físico americano, foi o criador do *cued speech*, décadas atrás, a partir de sua perplexidade com os baixos níveis de leitura dos surdos, como revelavam as estatísticas.

Contudo, seus princípios básicos têm algumas deformações conceituais. Uma delas é a que se baseia na relação fonema-grafema, uma das referências do aprendizado dos ouvintes, mas não dos surdos, pois não se baseiam na oralidade para o estabelecimento de conexões com a escrita. E mesmo no caso dos ouvintes, os achados do campo da Sociologia da Leitura a cada dia evidenciam que a construção do letramento é dependente de usos sociais de leitura e de escrita, ocupando, assim, o aprendizado da codificação-decodificação, um papel pequeno.

Outra deformação é a de que língua e linguagem são problemas de forma mas não de conteúdo. E ignorar o contexto e a situação discursiva – quem fala, o que fala, como, quando etc, é dependente de uma série de condições e não de saber pronunciar palavras. A enunciação e a interação não são apenas de ordem formal.

Cued speech é considerado um sistema que

---

[36] Tradução da autora.

exibe os fonemas de uma língua falada, apresentando o sistema de sons daquela língua e as regras que guiam as relações destes sons. Tais sons e regras constituem o código fonológico (FLEETWOOD & METZGER, 1990, p. 19-20)[37]

Entretanto, a fonologia não é definidora da interação verbal. Usar uma língua, oral ou não, é de uma complexidade que transcende a forma, o que muitos linguistas e educadores não parecem enxergar, seja a pessoa surda, ou não.

Há, também, programas que ao mesmo tempo oferecem língua de sinais e *cued speech* (CORNETT, 1991; LIEDEL & PAUL, 1991, apud LASASSO, 1998, p. 265), com a finalidade de considerá-los bilíngues.[38] Ou que, ainda defendendo *cued speech*, dirigem a interlocução aos

> pais ouvintes, que não aprenderam a língua de sinais, e que compartilham os objetivos dos programas de educação bilíngüe-bicultural (BiBi), propostos para seus filhos surdos, e que escolhem a língua que se fala em casa como a língua que deve ser a primeira língua de seu filho surdo (L1), e têm dúvidas sobre quais escolhas comunicativas (tais como o método oral, o inglês sinalizado ou *cued speech*) podem veicular esta primeira língua. (LASASSO, 1998, p. 265)[39]

Em outras palavras, é o mesmo que ouvir alguém dizer que "2 é igual a 1" sem ficar perplexo com o absurdo desta irregularidade matemática, já que a própria denominação "bilíngue" se refere a

---

[37] Tradução da autora.

[38] O próprio título desta citação sugere o encobrimento do pressuposto de base (LASASSO, C. & METZGER, M. *An alternate route for preparing deaf children for BiBi programs: the home language as L1 and cued speech for conveying traditionally spoken languages.* Journal of Deaf Studies and Deaf Education, 3:4, Fall, 1998.). A tradução do mesmo em português poderia ser: "Um caminho alternativo para preparar crianças surdas para programas bilíngues-biculturais: A língua veiculada no âmbito familiar como L1 e *cued speech* para oferecer as tradicionais línguas faladas.

[39] Tradução da autora.

dois, e não a um... Não há plural, com certeza: a primeira língua a ser oferecida é a língua oral, e as formas de oportunizá-la são também orais.

Programas baseados no *cued speech* e no bimodalismo são versões um pouco diferentes da mesma abordagem, a Comunicação Total, embora muitos creiam que ela constitui passado remoto. Em muitos países, especialmente naqueles onde algumas escolas bilíngues foram implantadas, onde a maioria dos educadores ouvintes conhecem e usam a língua de sinais, ou quando não, são enunciadores bimodais mais fluentes[40], discutir sobre o uso do bimodalismo e da Comunicação Total parece ser considerado sinal de obsoletismo, ou equivalente a algo distante e inexistente, o que constitui impedimento à mudança.

Um outro aspecto a salientar é que a não utilização de voz durante a enunciação bimodal também pode criar a ilusão de que a língua de sinais está sendo usada. Uma observação meticulosa facilmente detecta que a ordem usada, mesmo quando não há voz, é a da língua oral, de modo que a ausência de voz não pode ser tomada como critério diferenciador.

Parece haver, também, na execução bimodal, uma valorização da exibição pública, como se se apresentassem em um auditório.

Com ou sem voz, o interlocutor bimodal ouvinte, seja ele professor, pesquisador, intérprete, parece frequentemente encantado consigo mesmo, orgulhoso do arranjo de signos verbais e gestuais que produziu, e vaidoso de mover seus braços e mãos e falar ao mesmo tempo. Maravilha-se com a suposição de que está usando duas línguas, concomitantemente. A execução bimodal constituir, assim, *autoentretenimento* e *deleite com a própria execução*. Nessas circunstâncias, comunicar deixa de ser impor-

---

[40] Como o caso dos EUA, onde também é maior a oferta educativa para os surdos, as oportunidades escolares, a disponibilidade de intérpretes de língua de sinais em todos os níveis escolares, até a pós-graduação, ou seja, a maior oferta educativa e um maior número de pessoas envolvidas pode funcionar como um elemento que sustenta a crença de que a língua de sinais é compartilhada, e não o bimodalismo.

tante, como também nota Johnson (2000)[41], e a autoestimulação substitui a possibilidade de diálogo.

Além disso, ao movimento de execução dos sinais, e também à voz do interlocutor, é imprimida uma certa sonoridade que faz lembrar nitidamente certas práticas de oralidade, como a regência de coral, o canto e a dança, sem maiores preocupações com a recepção visual, pelo surdo.[42]

O fato é que ainda é intensa a obsessão em relação à oferta da língua oral para o surdo, e a importância que representa, e que se desvela pela proposição do bimodalismo e do *cued speech*, que têm em si embutidas o temor de que o surdo perca o acesso à língua oral.

Apesar de praticado predominantemente pelo ouvinte, o bimodalismo também é utilizado pelos surdos. Por vezes, de modo inteiramente temporário, como nas tentativas de estabelecer alguma comunicação básica com o ouvinte (como em geral as produções bimodais, no caso dos ouvintes, se prolongam demasiado, há evidências de que as motivações são outras).

Outras vezes, o uso da prática bimodal pelo surdo decorre do fato de seu primeiro aprendizado ter sido a língua oral, e só mais tarde a língua de sinais, e ainda não serem fluentes nela.

Mas muitos surdos utilizam o bimodalismo porque assimilaram ideias preconceituosas sobre a surdez e a língua de sinais, e construíram identidades a partir da identificação com o ouvinte, e aprenderam a se reconhecer em experiências que ignoram a surdez como uma diferença e buscam a normalização, o que, nos termos de Allport (1962, p. 170-1), constitui identificação com o opressor. Para Johnston, surdo americano, "[...] como atribuir sintaxe à língua americana de sinais, quando a sintaxe envolve sentenças estruturadas... Ridículo, isto é

---

[41] Comunicação pessoal.

[42] Sem esquecer que as performances musicais, especialmente as que envolvem corais e danças de surdos com música sinalizada, constituem, frequentemente, outras ocasiões de evidente utilização da prática bimodal.

no máximo inglês fragmentado ou 'inglês surdo' " (JOHNSTON, 1977, p. 22, apud WOODWARD, 1978, p. 7)[43]. Seu ponto de vista também é compartilhado por outros surdos, de outros países, como parte de uma visão estigmatizada do próprio surdo em relação à surdez.

Outras vezes, tais como os ouvintes que usam o bimodalismo e creem por certo estarem usando língua de sinais, surdos bimodais se sentem convictos de que estão falando a língua oral, especialmente quando usam bimodalismo com voz.

A prática bimodal parece estar fundamentada no Objetivismo, doutrina filosófica segundo a qual a realidade é dada pelo que é apreendido objetivamente. Nestes termos, o que não é visto não é considerado real. No caso de surdos e também de ouvintes, o bimodalismo pode ser a expressão dessa forma de pensar: como não enxergam sintaxe ou qualquer outra organização linguística na língua de sinais, é como se ela não existisse. E se existe, precisa ser completada, corrigida, o que pensam será feito através do bimodalismo. Na língua brasileira de sinais, por exemplo, algumas preposições são incorporadas aos sinais de alguns verbos, sendo redundante indicá-las e lexicalizá-las em um sinal. Mas como os usuários bimodais não enxergam as preposições na organização linguística da LIBRAS, já que não são objetivamente vistas, concluem que são inexistentes. Na língua portuguesa, utilizamos a preposição "em", adicionada ao artigo "a" ("em" + "a" = "na"), além da preposição "de", quando usamos o verbo "ir" na frase "Paula vai na casa de Sônia". Se é dito o mesmo na LIBRAS, não há lexicalização das preposições em sinais. Tais crenças motivam ouvintes a inventar sinais, ou mesmo aqueles surdos que pensam completar o que supõem estar em falta, ao invés de serem fruto de um consenso da Comunidade Surda, como reflexão metalinguística baseada na cultura e nas formas que os surdos dispõem de organizar a experiência social e linguística a partir da visão.

---

[43] Tradução da autora.

A ausência de determinados signos linguísticos nas línguas de sinais para expressar conceitos que já existem é real. Todavia, a incompletude lexical é temporária, até que uma determinada necessidade crie o signo linguístico, como ocorre também nas línguas orais. Por exemplo, não existia na variedade dialetal da língua brasileira de sinais/LIBRAS, em Belo Horizonte, até alguns anos atrás, um sinal para o conceito de "Literatura". A introdução do tema como disciplina da grade curricular de escola regular onde começava o segundo grau com intérprete de língua de sinais, situação bastante recente até então naquela cidade, foi uma circunstância social que levou os surdos a estudarem formas possíveis de enunciação em LIBRAS até a definição de um sinal. E como os surdos têm aguda consciência da iconicidade[44] na língua de sinais (KLIMA & BELLUGI, 1979, p. 10-34), pautam-se por ela como um dos critérios para criar sinais e expandir a língua. A língua oral não se orienta fundamentalmente pela iconicidade, e, portanto, os ouvintes não atentam para essa característica, embora em alguma medida o façam, mas baseados na relação oralidade/escrita, como é o caso das onomatopeias.

Diferentemente dos ouvintes, os surdos dominam as convenções e regras linguísticas das línguas de sinais. Embora as línguas, orais, escritas e de sinais, porque não são propriedades pessoais e sim bens públicos, também sofram influências de pessoas não nativas naqueles idiomas, mas os utilizam, como é o caso dos ouvintes em relação à língua de sinais, isto não pode constituir justificativa para que os ouvintes inventem sinais e proponham sistemas não linguísticos e mantenedores de equívocos, como o bimodalismo.

As práticas bimodais americanas são mais sofisticadas, quando comparadas às brasileiras, e é comum em algumas formas de inglês sinalizado a utilização da soletração manual

---

[44] Propriedade de expressar, através do signo gestual, a imagem do que representa. Um exemplo é o sinal de "abacaxi", em LIBRAS, que remete a um modo comum de descascá-lo. A iconicidade é dependente do modo como a realidade é percebida, não sendo, portanto, universal.

associada aos sinais, para indicação do gerúndio. Em alguns sistemas bimodais o sinal do verbo "dar", em inglês, *give*, por exemplo, nesses termos, é seguido da soletração manual da terminação indicativa de gerúndio *ing*, compondo *giving* ("dando"), pelo suposto de que a língua americana de sinais não é capaz de expressar o gerúndio. Tais ideias se proliferam. Denise, um dos estudantes surdos que participaram da pesquisa, ao ler a palavra "sentiram" em um dos textos das provas de leitura, utilizou o sinal de "sentir" e acrescentou a soletração manual "... tiram", indicando a terminação do tempo verbal. Procedeu da mesma forma para dizer "usou": fez o sinal de "usar" e soletrou manualmente a terminação "...sou", supondo completar alguma lacuna da LIBRAS. Como já sugeria há mais tempo Ferreira Brito (1993, p. 30-31), a proliferação dos sistemas bimodais aconteceria no Brasil sem qualquer critério linguístico que garantisse a eficiência do sistema. E ela ocorreu, em maior ou menor medida, e de algum modo chegou às escolas de surdos e outros espaços.

As dificuldades comunicacionais decorrentes do uso do bimodalismo parecem ser relativamente menores na expressão se comparadas à recepção. De qualquer modo, a expressão bimodal constitui um problema, porque justapor sinais à fala compromete a fluência da conversação, que se torna lenta, metódica, controlada, e, muito frequentemente, sem os elementos não verbais, pois são muitos os recursos semióticos para coordenar e tentar controlar. Na recepção do bimodalismo residem os maiores entraves e contradições. O que faz sentido para o ouvinte, porque a língua de base é a língua oral, não faz o mesmo sentido para o surdo. Isso ocorre na interação face a face e na leitura, que examino adiante.

A adoção do bimodalismo pelo surdo pode também ter como razão a intenção de discriminar o ouvinte.

Adriano foi o sujeito surdo que participou do pré-teste das entrevistas da pesquisa. Apesar de extremamente fluente em língua de sinais, LIBRAS não havia sido a primeira língua aprendida, como na maioria dos casos. Havia lhe pedido, no começo das filmagens, que a entrevista fosse feita através de língua de sinais. Porém, Adriano usou o bimodalismo, durante todo o tempo.

Eu adquirira fluência ao longo dos anos, especialmente na recepção, e cerca de década e meia vinha comunicando com surdos através de língua de sinais, na escola onde trabalhava e em outros contextos. Aprendera muito, e em especial, valorizava evitar simular a compreensão. Isso me permitia novos aprendizados. Observava, há mais tempo, que a interação entre surdos e ouvintes era marcada por interessantes fenômenos que alteravam a atitude comunicativa, causando mudanças na enunciação por língua de sinais, especialmente da parte dos ouvintes. E durante a interação com Adriano, quanto mais ele usava bimodalismo, mais eu me sentia desencorajada de comunicar através da língua de sinais.

De acordo com Woodward (1978, p. 19-29), denomina-se *diglossia* o uso de língua oral sinalizada por surdos que são fluentes em língua de sinais mas que não fazem uso da mesma na interação com o ouvinte, reservando-a para a Comunidade Surda, onde a língua de sinais tem o estatuto de língua do grupo de solidariedade. Há um sentimento de que os ouvintes são intrusos, e devem ser identificados e considerados suspeitos, até provar que não pertencem ao grupo que discrimina os surdos e a língua de sinais.

A prática bimodal aparece, nestas circunstâncias, como um marco das relações de poder, ressentimento e revanche dos surdos em relação aos ouvintes. Assegura que os ouvintes serão reconhecidos e ridicularizados como tal, pela imperfeição de seus sinais. E como alguns ouvintes subestimam a própria capacidade de entender o que é dito em língua de sinais, os surdos que utilizam a diglossia como mecanismo de opressão reforçam-na, confirmando para o ouvinte sua incompetência.

À medida em que os ouvintes se tornam parte da Comunidade Surda, e relações de confiança se estabelecem, a interação se modifica, mas a hostilidade recidiva, tendo em vista os lugares sociais ocupados e pleiteados por surdos e por ouvintes, e as formações imaginárias respectivas de uns em relação aos outros. Como lembra Kyle (1999, p. 21), os surdos têm motivos suficientes para ver com ceticismo os ouvintes agora abraçarem a língua da comunidade surda.

Insistir em se comunicar em português sinalizado naquela entrevista sugeriu diferentes razões para sua utilização: assimetria em relação ao ouvinte, por sobrevalorização ou por subestima; dissimulação e estratégia de opressão.

Embora Adriano se baseasse no fato de ter sido oralizado para explicar porque usava bimodalismo e não língua de sinais – "não é minha culpa, não. Porque eu aprendi oralista, é muito profundo! [...] mas é muito complicado pra mim. Eu aprendi, primeira coisa, é oralista, desde pequeno, até 16 anos, é muito grande, acostumado" – também se sentia pouco confortável com o ouvinte, ou com certos ouvintes, já que explicitamente me identificou – "com o surdo, LIBRAS. Mas tem ouvinte..." [e aponta para mim] eu fico psicologicamente..., [mais sinal denotativo de estado de conflito interno]". Nesses termos, o bimodalismo pode expressar supervalorização da condição de ser ouvinte. Ou pode se referir à convicção de que há diferença intrínseca entre surdos e ouvintes, quando a comparação é estabelecida. Em todos os casos, o pressuposto é o da *assimetria*.

Ao mesmo tempo, o bimodalismo pode ser uma atitude de *dissimulação*. De acordo com Allport (1962, p. 170), a dissimulação é uma estratégia de sobrevivência para despistar o opressor, e consiste em fingir que se pensa como ele. Pode ser encontrada em vários grupos vítimas de perseguição, como os judeus, os armênios, os índios americanos, membros de grupos religiosos, negros etc.

Possivelmente no caso dos surdos, o bimodalismo também é um modo encontrado por alguns para afirmar a superioridade do ouvinte e da língua oral, sem de fato compartilhar esta crença. Constitui, assim, uma estratégia que sugere subserviência, mas que, no fundo, encobre a subestima do surdo em relação ao ouvinte, seja em relação à sua capacidade de ser habilidoso em língua de sinais, seja em outro âmbito qualquer. Quando perguntei a Adriano se achava que os ouvintes eram capazes de dominar a língua de sinais, respondeu que era "raro. Porque não convive com o surdo". Naquele raciocínio, eu poderia me excluir, porque convivia e trabalhava com os surdos, e há muito tempo, mas quando lhe perguntei se ele achava que eu entenderia uma comunicação exclusiva em língua de sinais, foi evasivo e vago – "Depende de você..." – sugerindo que não.

A subestima pode se converter em *estratégia de opressão*: neste caso, o bimodalismo constitui uma advertência ao ouvinte, para que desista do empreendimento de se comunicar através de língua de sinais, já que caracteriza atrevimento de sua condição de ouvinte usar língua de sinais quando nem aquele que a dominava não a usava. A não apresentação da língua de sinais pode caracterizar, assim, exercício de poder, e um modo de declarar que os surdos definem as regras do jogo na interação com ouvintes.

É possível notar, ainda, em muitos surdos, pouca clareza em relação às diferenças entre as línguas orais e as línguas de sinais, a suposição de que o bimodalismo constitui uma língua, e a atribuição de diferentes graus de prestígio a cada categoria: "Primeira coisa que ele vai preparar pra missa, é ele ler, entender... e passar para língua de sinais, que é LIBRAS, nada de português sinalizado. Se usa português sinalizado, é uma língua rica, mas o surdo não vai entender nada... Precisa ler, resumir, entender, usa a língua de sinais próprio do surdo, entende bem. Porque a língua rica é através do ouvinte. Agora, LIBRAS, é língua do surdo (*descrição da comunicação entre um padre ouvinte e os surdos, durante a missa*). Por exemplo, vou dar uma frase... Você sabe, eu já ensinei pra você, você lembra. 'Peguei em flagrante'. A língua do ouvinte fala... [mostra sinal de "pegar" + sinal para a preposição "em" + soletração manual da palavra "flagrante"] Mas o surdo não vai entender. É português sinalizado. Agora, traduz para língua de sinais, própria dos surdos, fala assim:[descreve como seria o enunciado]. Isso é LIBRAS, diferente. Mas não tem nada a ver que é rica, não. Mas através da língua, muito rica, não vai entender... Mas tem língua de sinais rica. Tem. É tudo igual, não tem nada de diferença, nenhuma. Você pode perceber, ouvinte tem três tipos diferentes da língua: língua rica, língua simples, língua pobre. Agora, o surdo tem três tipos: língua de sinais rica, ou língua de sinais simples, ou língua de sinais pobre. Língua rica, como eu acabei de explicar pra você. Língua simples, como a nossa conversa; traduz o que eu tô entendendo isso que você tá falando. É a sua língua simples. Língua pobre, por exemplo, favela. Ouvinte que mora em favela. Que capina. Tem surdo que tem dificuldade, por exemplo, analfabeto, que não sabe ler.É uma língua de sinais muito... simples, leve, como fosse nenê...". Para exemplificar, Adriano indicou como era a língua rica, comparativamente à língua pobre. Mostrou uma frase: "Eu moro no São Bernardo", e indicou o sinal de "Eu" + o sinal de "morar" + o sinal de "lá" + a soletração manual de "São Bernardo", para dizer que assim era a "língua rica". Para diferenciar da "língua pobre", fez mímica. Declarou que a língua de sinais "rica", era mais parecida com o português sinalizado do que com a língua de sinais. Quando eu lhe perguntei se o português sinalizado era uma língua, Adriano disse que "pra escrita é uma língua. Agora, português sinalizado, não é língua do surdo, é língua do ouvinte. É língua, mas é do ouvinte". E, quando indaguei que língua usava em sua comunicação comigo, respondeu-me que era "língua do surdo", embora estivesse até então fazendo português sinalizado. "As minhas mãos é do surdo, mas eu estou falando em português...".

Refletir sobre a prática bimodal nos remete, assim, a um universo de crenças sobre os surdos, os ouvintes, as línguas orais e de sinais, que transcende a suposta inocência da simultaneidade de associar sinais a palavras faladas ou escritas.

O bimodalismo e a leitura

É no contexto da leitura que ocorrem, para o surdo, os maiores problemas quanto à utilização do bimodalismo.

Ler por meio do português sinalizado é possível apenas em circunstâncias muito estritas, como as que utilizam textos curtos e de pequena complexidade léxico-sintático-semântica. Como um grande número de professores usa textos desse tipo, além de cartilhas, tipo de texto que se enquadra na caracterização anteriormente apontada, julga que o surdo está lendo. Mas a recepção da leitura tem sido pouco verificada, e é nesse campo que residem os maiores problemas. Como evidencia Rampelloto (1993, p. 85-86), ao comparar a recepção de narrativas de estórias através do bimodalismo e da língua de sinais, muito mais é recuperado quando as estórias são contadas em língua de sinais.

As competências de leitura dos sujeitos surdos deveriam ser, no mínimo, razoáveis, considerando suas idades e níveis escolares, e o fato de que os textos utilizados nas provas de pesquisa eram compatíveis com tais fatores. Mas os resultados não foram bons, como de costume.

Uma evidência aparece quando Frederico tenta ler bimodalmente o seguinte enunciado: "Ficaram amigos e agora, quando não têm muito o que fazer, vão até o lago, cumprimentam os peixes e matam o tempo jogando conversa fora."[45] Frederico iniciou a partir de "não têm muito....", e o resultado foi o seguinte: não (sinal de "não") têm (sinal de "ter") muito (sinal de "muito") o que (sinal de "o que") fazer (sinal de "fazer"), vão (sinal de "não") até (sinal de "até") o (verbalizado) lago (sinal de "lado") cumprimentam (soletração manual parcial do vocábulo, e comentário de que não conhece a palavra, os (soletração manual) peixes (sinal de "peixe") e (verbalizado) matam (soletração manual da palavra e expressão facial denotativa de que não conhece a palavra); interrompeu a frase aqui.

Ora era possível corresponder sinais às palavras, ora não; quando impossível, era usada a soletração manual, ou as palavras eram faladas. Os vocábulos eram traduzidos isoladamente, sendo alguns desconhecidos e ignorados. Como descreveu Frederico, "não entende, expulsou palavra!..", e a leitura resumia-se a uma sequência de "tem, não tem, tem, não tem...." (depoimento de Carlos). Palavras graficamente semelhantes eram confundidas, como, por exemplo, "vão" e "não", "lago"

---

[45] Texto "Conversa Fiada".

e "lado", e a frase "vão até o lago" transformava-se em "não até o lado". Mesmo quando a frase não fazia o menor sentido, não havia estranhamento. E nos raros momentos em que havia alguma perplexidade, ignoravam-na e seguiam adiante. Talvez intuissem a impossibilidade de construir o sentido, mas não sabiam como fazer diferente daquela forma que convertia-se em não leitura. Esse conjunto de circunstâncias tornava impossível a construção do sentido, e quando lhes perguntava o que podiam me explicar sem recorrer ao texto, não sabiam dizer, porque não haviam entendido.

O bimodalismo apresenta contradições que são desprezadas, inclusive pelos surdos. Reforça *o equívoco de que ler é o mesmo que decifrar*, e intensifica a busca da decodificação, pela crença de que há correspondência isomórfica entre palavra escrita e sinal da língua de sinais. Produz incongruências absurdas entre palavras faladas e sinais produzidos, segundo demonstraram Johnson, Lidell & Erting (1989, p. 5-7) e Johnson & Erting (1989, p. 80-3). As *deformações* são frequentemente imperceptíveis ao enunciador bimodal, embora grosseiras, como verbalizar a palavra "cavalo" e fazer o sinal de "coelho". E quando são notadas, apesar do ligeiro e fugaz embaraço que provocam, são ignoradas.

Em muitas ocasiões, ler bimodalmente constitui uma *astúcia* usada pelos surdos, para evitar o constrangimento de admitir para o professor que não houve compreensão da leitura, já que verbalizar e fazer sinais é entendido como oferecer uma resposta em relação ao texto. A astúcia, por sua vez, cria no professor a ilusão da ausência de problemas, já que ele aceita a enunciação bimodal e a toma como satisfatória e indicativa de leitura.

Porém, o mais perverso é que nem sempre o surdo reconhece a falácia da prática bimodal, e alimenta a ilusão de que leu e compreendeu.

A soletração manual e a fala também podem constituir outros artifícios para aparentar compreensão: quando não conseguiam corresponder palavras a sinais, os sujeitos surdos soletravam manualmente, ou verbalizavam a palavra, como se estivessem entendendo o que liam.

De acordo com Johnson (1997, p. 10-2), o bimodalismo advém da superinterpretação dos dados de certas estatísticas, da utilização de rituais que o tornam razoável, e da negação dos problemas, e por isso constitui uma compreensão mágica da realidade, e gera soluções mágicas das dificuldades, na medida em que causa o desprezo contínuo das contradições.

Para explicar o significado de "matam o tempo" no texto "Conversa Fiada", Frederico fez: matam (sinal de "matar/morte") o (soletração manual) tempo (sinal de "tempo"). Frederico também não teve nenhum estranhamento por haver literalmente matado o tempo... Quando perguntei o que isso queria dizer, respondeu que não sabia. Embora conhecesse aquelas palavras, não faziam para ele o menor sentido. O problema não era ter palavras, como concebiam muitos surdos e seus professores, e sim que o bimodalismo converte a língua em expressão literal, especialmente no caso das formas figuradas. Na interpretação da expressão "jogando conversa fora", o mesmo aconteceu: jogando (sinal de "jogar/arremessar") conversa (sinal de "conversa") fora (sinal de "fora"). Literalmente, a "conversa foi jogada fora", e Frederico disse que não sabia o que isso significava. Tampouco lhe soou estranho referir-se a algo que não podia ser jogado fora. Denise foi a única que felizmente estranhou sua resposta, a mesma de Frederico. Quando perguntei a ela como era jogar, literalmente, conversa fora, ou matar o tempo, riu muito e justificou que tentava relacionar cada palavra a um sinal; e quando não encontrava os sinais, saltava palavras e trechos, e prosseguia na leitura. O bimodalismo remete o surdo a uma "terra de ninguém": não significa nada, mesmo quando conhecem todas as palavras.

Não havia clareza para os surdos sobre as diferenças entre bimodalismo e língua de sinais. Denise ignorava a denominação "português sinalizado", mas reconhecia que era diferente de língua de sinais, pois foi capaz de enunciar uma mesma frase por meio das duas formas. Carlos indicou que havia dois tipos de leitura: uma, onde "lê e conhece", e outro tipo de leitura, onde "lê, diferente", sugerindo ser a decodificação. Para Carlos, o procedimento de usar "a boca e sinais" era algo a que estava acostumado, e pensava que essa prática lhe permitia a compreensão.

Segundo Johnson (2000), um dos equívocos da prática bimodal é a garantia de preservação de informação fonológica para o surdo. Entretanto, como mostra Trybus & Karchmer (1977), os testes que avaliam as habilidades de leitura, ciências e escrita evidenciaram resultados muito baixos, atribuídas, entre outros contextos, ao fato de que as redundâncias da língua oral são dificílimas ou às vezes impossíveis de ler nos lábios, e só se produzem de modo muito inconsistente através do bimodalismo.

Mas porque o ideal "ouvintista" é intensamente perseguido, estas e outras contradições são perpetuamente ignoradas.

Conclusão

Finalizo com a proposição que fiz no início deste livro, e que na verdade, foi um convite a tentar compreender as entrelinhas de alguns discursos, e algumas formas de pensar o sujeito.

Estar intrigado é uma decisão e um projeto de vida. Tem o educador transformado em pergunta o que ouve e vê os outros dizerem? Ou lhe falta o fôlego da iniciativa e o compromisso em assumir as contradições com as quais se depara?

Se essa ainda é uma pergunta que poucos se colocam, que o caso dos surdos tenha servido ao caso dos surdos e de outros.

ANEXOS

ANEXO 1

I - As provas de leitura e de escrita

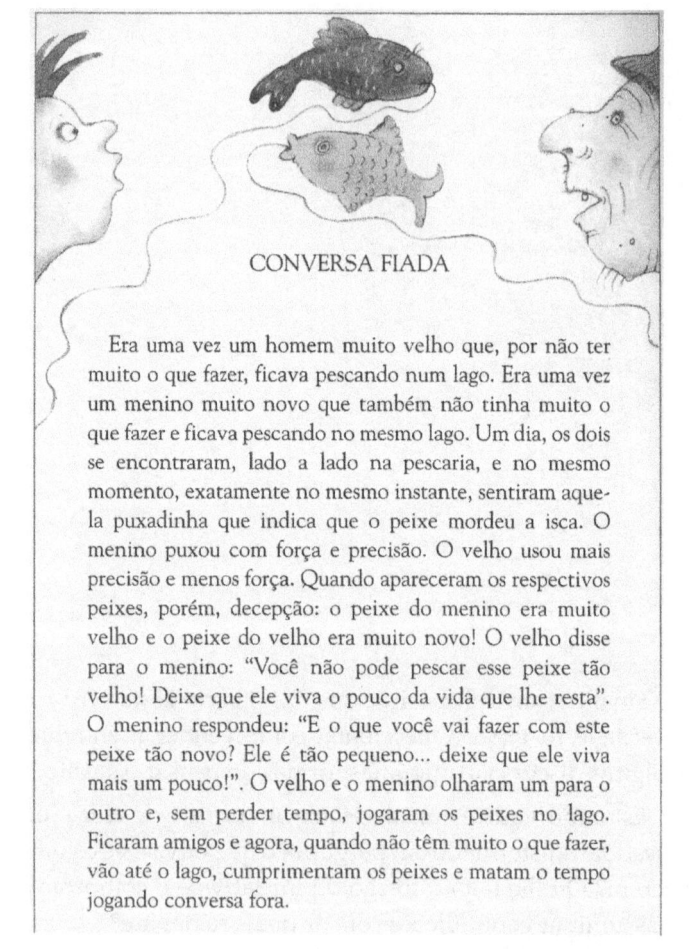

CONVERSA FIADA

Era uma vez um homem muito velho que, por não ter muito o que fazer, ficava pescando num lago. Era uma vez um menino muito novo que também não tinha muito o que fazer e ficava pescando no mesmo lago. Um dia, os dois se encontraram, lado a lado na pescaria, e no mesmo momento, exatamente no mesmo instante, sentiram aquela puxadinha que indica que o peixe mordeu a isca. O menino puxou com força e precisão. O velho usou mais precisão e menos força. Quando apareceram os respectivos peixes, porém, decepção: o peixe do menino era muito velho e o peixe do velho era muito novo! O velho disse para o menino: "Você não pode pescar esse peixe tão velho! Deixe que ele viva o pouco da vida que lhe resta". O menino respondeu: "E o que você vai fazer com este peixe tão novo? Ele é tão pequeno... deixe que ele viva mais um pouco!". O velho e o menino olharam um para o outro e, sem perder tempo, jogaram os peixes no lago. Ficaram amigos e agora, quando não têm muito o que fazer, vão até o lago, cumprimentam os peixes e matam o tempo jogando conversa fora.

FRATE, Diléa. "Conversa fiada". *Histórias para acordar*. São Paulo: Companhia das Letrinhas, 1996, p. 74.

"Conversa fiada", texto da literatura infantojuvenil, foi utilizado com o objetivo de situar dados gerais dos processos de leitura e de escrita. Após lerem silenciosamente, tantas vezes quantas necessárias, os sujeitos surdos deveriam explicar o que haviam compreendido, e responder a perguntas tópicas sobre o texto e o vocabulário, oralmente, ou em língua de sinais. Por último, deveriam escrever sobre o que haviam lido, sem retornar ao texto.

ANEXO 2

"O monstro interior" (Condensado de reportagem - *Revista Veja* -13/11/96)

Ana Paula, cujos olhos azuis resplandecentes e o sorriso perfeito lhe valeram a fama de o rosto mais bonito do país e fotos de capa de mais de 250 revistas, namorava Luiz havia apenas seis meses.O mergulho no inferno começou na sexta-feira. Às 9 da noite, ela foi ao apartamento do namorado. Não teve uma boa recepção. "Ele parecia dopado e dizia que os amigos telefonavam para contar que eu o traía". O casal discutiu durante três horas. No sábado, Luiz ligou e, com voz pastosa, pediu a Ana Paula que fosse ao seu apartamento à noite. Lá, limitou-se a entregar um bilhete em que se dizia decepcionado "com um mundo podre, um mundo que não é meu", e acusava a namorada de traí-lo. Preocupada, Ana Paula foi visitar o namorado no domingo bem cedo. Chegou ao apartamento às 7 da manhã. Encontrou Luiz deitado na cama, transtornado, com dificuldades para se manter de pé. Discutiram, discutiram e discutiram. A empregada ouviu tanta gritaria que, com medo, fechou a porta do seu quarto. A briga continuava. Luiz sentou-se na cama, com um revólver na mão. Começou a pôr as balas no tambor. "Me mata", pediu, estendendo a arma. Ela balbuciou: "Não". A tortura foi num crescendo. Trancando-se com Ana Paula no banheiro, Luiz aninhou o revólver no cinto e começou a escrever um bilhete em que dizia: "Eu, Luiz Tjurs, gozando plenamente das minhas faculdades mentais, decidi, por vários motivos, que não tenho razões para continuar vivendo...". Em pânico, Ana tentou aproximar-se para roubar a arma. Quando percebeu, Luiz empurrou-a para trás, abriu a porta e foi cambaleando para o quarto. Enfiou o revólver na boca e disparou. "Quando cheguei ao prédio, ela não conseguia falar coisa com coisa, estava em estado de choque", diz Marco Aurélio Garcia, amigo e conselheiro de Ana Paula. Luiz Tjurs, um rapaz bonito, já vinha dando sinais de confusão entre o real e o imaginário. Inseguro, alucinadamente ciumento, ele se desequilibrou progressivamente ao se apaixonar por uma das modelos mais cobiçadas do país, fanática por trabalho e com uma agenda tão lotada que precisou trancar matrícula na Faculdade de Letras da USP. Para quem alimenta um enorme sentimento de posse e fantasias de traição, não pode haver coisa pior. Ana Paula, ainda chocada com a visão do namorado morto, passou dois dias sedada. Nilton Travesso, diretor do SBT, foi visitá-la e combinou com sua mãe que Ana Paula voltaria a trabalhar ainda nesta semana.

No início da pesquisa, eu me propusera a investigar o modo como os surdos lidavam com as marcas de intensidade nos textos escritos. Mas posteriormente houve uma mudança radical de objeto de pesquisa, embora eu tenha mantido os mesmos instrumentos de coleta de dados. Os surdos deveriam ler silenciosamente o texto, tantas vezes quantas necessárias, explicar o que haviam compreendido, responder perguntas sobre o mesmo, explicar como compreendiam determinadas marcas de intensidade no texto (adjetivos, advérbios, série sinonímicas e metáforas), e estabelecer gradação de intensidade em várias categorias. As respostas eram dadas oralmente ou em língua de sinais.

Anexo 3

A escola de surdos (tradução LIBRAS-Português)

Conheci uma escola no Rio que cresceu, que teve um ótimo desenvolvimento, com crianças que aprenderam muitas coisas, crianças de 5... 4 anos. A gente se comunicava muito bem. Na nossa conversa, eu perguntava e tinha resposta. Nossa! As crianças falavam que iam à praia, que brincavam!... Elas sabiam conversar! Era bonito! Eu fiquei emocionada! Porque, há um tempo atrás, eu, de Língua de Sinais, não sabia nada, não desenvolvi nada!... Mas houve um avanço, e hoje, em 96, parece que o futuro vai ser melhor. Essas crianças surdas poderão, no futuro, estudar numa Faculdade, desenvolver a inteligência... Nós, atualmente, estamos atrasados, mas não importa. Essas crianças vão crescer, vão ficar ótimas, vão ficar daqui, ó!...[46] Vai ser melhor!... Porque eu vi essas crianças. Seis crianças. A gente se comunicava, tinha perguntas e respostas, elas sabiam tudo!... Nome, idade, várias coisas!... Eu fiquei emocionada! Sensibilizada!... Foi ótimo!... As pessoas que por acaso tiverem filhos surdos, não precisam se preocupar... O futuro vai ser melhor. A vida pode se desenvolver muito melhor!...

Pretendia, também, analisar como os surdos que usavam língua de sinais registravam marcas de intensidade na escrita, e por isso utilizei um texto narrado em língua brasileira de sinais, por um surdo adulto. Os surdos que usavam a língua de sinais assistiram ao vídeo e escreveram o que compreenderam da estória. Os surdos oralizados, por sua vez, receberam o texto em LIBRAS convertido em texto oral, e fizeram o mesmo que os primeiros. Pretendia investigar, com isso, como se dava a passagem da oralidade para a escrita, no caso dos surdos que não faziam uso da língua de sinais, e como ocorria no caso daqueles surdos que a utilizavam.

---

[46] Gesto de balançar o lóbulo da orelha, expressando satisfação.

REFERÊNCIAS

ADAMO, D. , PÉREZ, A.C. & NAVARRO, P.L. "Situación actual de las personas sordas en Chile". In: SKLIAR, C. (Org.). *Atualidade da educação bilíngüe para surdos*. Porto Alegre: Mediação, v. 1, 1999.

ALISEDO, G. "Rol docente, alfabetización y fracaso escolar en el caso de sordera infantil". In: *Seminario Taller "Fracaso escolar y lecto-escritura"*. Buenos Aires: Ministerio de Educación y Justicia/Secretaria de Educación, 1988.

ALLPORT, G. W. *La naturaleza del prejuicio*. Buenos Aires: Editorial Universitaria de Buenos Aires, 1962.

BEHARES, L. E. "Nuevas corrientes en la educacion del sordo: de los enfoques clinicos a los culturales". *Cadernos de Educação Especial*, Santa Maria, n.4, 1993.

BOTELHO, P. *A leitura, a escrita e a situação discursiva de sujeitos surdos: estigma, preconceito e formações imaginárias*. Faculdade de Educação. Universidade Federal de Minas Gerais, 1998. (Dissertação de Mestrado).

BOTELHO, P. *Segredos e silêncios na educação dos surdos*. Belo Horizonte: Autêntica, 1998.

BOURDIEU, P. *A economia das trocas lingüísticas. O que falar quer dizer*. São Paulo: Edusp, 1996.

BOURDIEU, P. "A leitura: uma prática cultural. Debate entre Pierre Bourdieu e Roger Chartier". In: CHARTIER, R. (Org.). *Práticas de leitura*. São Paulo: Estação Liberdade, 1996.

BRASEL, K. *The influence of early language and communication on environments on the development of language in deaf children*. Unpublished doctoral dissertation, University of Illinois, 1975.

BUENO, K. *Dom x Aprendizagem. Desfazendo mitos sobre as habilidades humanas*. Belo Horizonte: Monografia-Curso de Especialização em Psicopedagogia, CEPEMG, 1996.

CÁRNIO, M. S. *Leitura e desenvolvimento da estrutura frasal a nível da escrita em deficientes auditivos: estudos com a técnica do cloze*. São Paulo: Pontifícia Universidade Católica de São Paulo, 1986. (Dissertação de Mestrado)

CHARROW, V. R. *Deaf English: an investigation of the written English competence of deaf adolescents*. Technical Report, n.236, Institute for Mathematical Studies in Social Sciences, Stanford University, 1974.

CHARROW, V.R. & FLETCHER, J. D. *English as a second language of deaf children*. Developmental Psychology, 10, 4, 1974.

CHARTIER, A. *Leitura Escolar. Entre pedagogia e sociologia*. Revista Brasileira de Educação, n. 0, set./dez, 1995.

CICCONE, M. M. C. et al. *Comunicação total. Introdução. Estratégia. A pessoa surda*. Rio de Janeiro: Cultura Médica, 1990.

CICCONE, M. M. *A linearidade do português escrito e uma proposta bimodal numa pré-escola de surdos*. Espaço: informativo técnico científico do INES, Rio de Janeiro: INES, Ano IV, n. 6, mar, 1997.

CONLEY, J. *Role of idiomatic expressions in the reading of deaf children*. American Annals of the Deaf, 121, 1976.

CONRAD, R. *The deaf school child*. New York: Harper & Row, 1979.

CONRAD, R. *The reading ability of deaf school-leavers*. British Journal of Educational Psychology, vol. 47, 1977.

DI FRANCESCA, S. *Academic achievement test results of a national testing program for hearing impaired students*. Washington, D.C.: Gallaudet College, office of Demographic Studies, 1972.

CORNETT, R. O. & DAISEY, M. E. *The cued speech resource book for parents of deaf children*. National Cued Speech Association, Raleigh, North Carolina, 1992.

CORSON, H. *Comparing deaf children of oral deaf parents and deaf parents using manual communication with deaf children of hearing parents on academic, social and communicative functioning*. Unpublished doctoral dissertation, University of Cincinati, 1973.

COUTO-LENZI, A. *A integração das pessoas surdas*. Espaço: informativo técnico científico do INES, Rio de Janeiro: INES, ano IV, n. 7, jun, 1997.

CULLER, J. "Em defesa da superinterpretação". In: ECO, U. *Interpretação e superinterpretação*. São Paulo: Martins Fontes, 1993.

DARNTON, R. "História da Leitura". In: *A escrita da história. Novas perspectivas*. São Paulo: UNESP, 1992.

DUBOIS, J. et al. *Dicionário de lingüística*. São Paulo: Cultrix, 1978.

ECO, U. *Interpretação e superinterpretação*. São Paulo: Martins Fontes, 1993.

ERTING, C. J. "Acquiring linguistic and social identity: interactions of deaf children with a hearing teacher and a deaf adult". In: STRONG, M. (Ed.). *Language,learning and deafness*. Cambridge: Cambridge University Press, 1988.

FERNANDES, E. *Problemas lingüísticos e cognitivos do surdo*. Rio de Janeiro: Agir, 1990.

FERREIRA BRITO, L. *Integração social & educação de surdos*. Rio de Janeiro: Babel, 1993.

FLEETWOOD, E. & METZGER, M. *Cued Speech Transliteration: Theory and Application*. Calliope Press: SilverSpring, MD, 1990.

FRATE, D. *Histórias para acordar*. São Paulo: Companhia das Letrinhas, 1996.

FUSARO, J. & SLIKE, S. The effect of imagery on the ability of hearing-impaired children to identify words. American Annals of the Deaf, 124, 1979.

GARCIA, B.G. "O multiculturalismo na educação dos surdos: a resistência e relevância da diversidade para a educação dos surdos". In: SKLIAR, C. (Org.). *Atualidade da educação bilíngüe para surdos*. Porto Alegre: Mediação, v. 1, 1999.

GEERTZ, C. *A interpretação das culturas*. Rio de Janeiro: Zahar Editores, 1978.

GIORCELLI, L. *The comprehension of some aspects of figurative language by deaf and hearing subjects*. Unpublished doctoral dissertation, University of Ilinois at Urbana-Champaign, 1982.

GÓES, M. C. R. *Linguagem, surdez e educação*. Campinas: Autores Associados, 1996.

GOFFMAN, E. *Estigma. Notas sobre a manipulação da identidade deteriorada*. 4. ed. Rio de Janeiro: Zahar, 1982.

GRISWOLD, E. & CUMMINGS, J. The expressive vocabulary of pre-school deaf children. American Annals of the Deaf, 119, 1974.

HATCHER, C. & ROBBINS, N. *The development of reading skills in hearing-impaired children*. Cedar Falls: University of Northern Iowa, 1978.

HIGGINS, P. C. *Outsiders in a hearing world. Sociology of deafness*. Califórnia: Sage Publications, 1980.

HOUCK, J. *The effects of idioms on reading comprehension of hearing impaired students*. Unpublished doctoral dissertation. University of Northern Colorado, 1982.

IRAN-NEJAD, A., ORTONY, A., & RITTENHOUSE, R. The comprehension of metaphorical uses of English by deaf children. Journal of Speech and Hearing Research, 24, 1981.

JOHNSON, R. E. "Creencias y prácticas en la educación de sordos: magia y lógica. Memorias do IV Congreso Latinoamericano de Educación Bilíngue para sordos". In: *El Bilinguismo de los sordos*, v.1, n.3, Bogotá: Insor, 1997. IV Congresso Latino-Americano de Educação Bilíngüe para Surdos, Conferência. Bogotá, 1997.

JOHNSON, R. E., LIDDEL, S., ERTING, C. J. *Unlocking the curriculum: principles for achieving access in deaf education*. Washington, D.C.: Gallaudet Research Institute, Working Paper, 90-3, Gallaudet University, 1989.

JOHNSON, R. E. & ERTING, C. "Ethnicity and socialization in a classroom for deaf children". In: LUCAS, C. (ed).*The sociolinguistics of American Sign Language*. N.Y., 1989.

JOHNSON, R. E. *Language issues in the creation of literacy in deaf education*. Presentation to NJDEAF Conference, Trenton, N.J., 2000.

JOKINEN, M. "Alguns pontos de vista sobre a educação dos surdos nos países nórdicos". In: SKLIAR, C. (Org.). *Atualidade da educação bilíngüe para surdos*. Porto Alegre: Mediação, v.1, 1999.

JONES, R. F. "Aphorisms concerning the interpretation of the nature and the kingdom of man". In: FRANCIS BACON. *Essays, Advancement of learning*, New Atlantis and other pieces, 1937.

KING, C. M., QUIGLEY, S. P. *Reading and deafness*. San Diego: College-Hill Press, 1985.

KLIMA, E. & BELLUGI, U., et. al. *The signs of language*. Cambridge, Massachusetts: Harvard University Press, 1979.

KYLE, J. "O ambiente bilíngüe: alguns comentários sobre o desenvolvimento do bilinguismo para os surdos." In: SKLIAR, C. (Org.). *Atualidade da educação bilíngüe para surdos*. Porto Alegre: Mediação, v. 1, 1999.

LANE, H., HOFFMEISTER, R. & BAHAN, B. *A journey into the deaf world*. San Diego, CA: Dawn Sign Press, 1996.

LASASSO, C. & METZGER, M. *An alternate route for preparing deaf children for BiBi programs: the home language as L1 and cued speech for conveying traditionally spoken languages*. Journal of Deaf Studies and Deaf Education, 3:4, Fall, 1998.

LURIA, A. R. *Desenvolvimento cognitivo: seus fundamentos culturais e sociais*. 2. ed. São Paulo: Ícone, 1990.

MASSONE, M.I. & SIMON, M. "El contrato didáctico en el marco de las políticas lingüísticas argentinas". In: SKLIAR, C. (Org.). *Atualidade da educação bilíngüe para surdos*. Porto Alegre: Mediação, v.1, 1999.

MCGUIGAN, F. J. "The function of covert oral behavior". In: *Linguistics. An International Review*. The Hague: Paris, 112, 1973.

MEADOW, K. *The effect of early manual communication and family climate on the deaf child's environment*. Unpublished doctoral dissertation, University of California, Berkeley, 1968.

MOORES, D. & MEADOW-ORLEANS, K. (Eds.). *Educational and developmental aspects of deafness*. Washington, D.C.: Gallaudet University Press, 1990.

NOGUEIRA, M. A. *Trajetórias escolares, estratégias culturais e classes sociais. Notas em vista da construção do objeto de pesquisa*. Teoria & Educação, n. 3, 1991.

NOGUEIRA, M. A. *Famílias de camadas médias e a escola: bases preliminares para um objeto em construção*. Educação & Realidade, v. 20, n. 1, jan./jun., 1995.

PADDEN, C. & HUMPHRIES, T. *Deaf in America. Voices from a culture*. Cambridge, MA: Harvard University Press, 1988.

PAGE, S. *The effect of idiomatic language in passages on the reading comprehension of deaf and hearing students*. Unmpublished doctoral dissertation, Ball State University, 1981.

PÊCHEUX, M. "As condições de produção do discurso". In: GADET, F., HAK, T. (Org.). *Por uma análise automática do discurso; uma introdução à obra de Michel Pêcheux*. Campinas: Editora da UNICAMP, 1990.

PERLIN, G. "Identidades surdas". In: SKLIAR, C. *A surdez: um olhar sobre as diferenças*. Porto Alegre: Mediação, 1998.

QUADROS, R. M. *Educação de surdos: a aquisição da linguagem*. Porto Alegre: Artes Médicas, 1997.

QUIGLEY, S. P. & FRISINA, R. *Institutionalization and psychoeducational development in deaf children*. Washington, D.C.: Council for Exceptional Children, 1961.

QUIGLEY, S., WILBUR, R., POWER, D., MONTANELLI, D. & STEINKAMP, M. *Syntatic structure in the language of deaf children*. Urbana, IL: University of Illinois, Institute for Child Behavior and Development, 1976.

RAMIREZ, P. "Hacia la construcción de la educación bilingue/multicultural para los sordos en Colombia". In: SKLIAR, C. (Org.). *Atualidade da educação bilíngüe para surdos*. Porto Alegre: Mediação, v.1, 1999.

RAMPELLOTO, E. M. *Processo e produto na educação de surdos*. Santa Maria (RS): Universidade Federal de Santa Maria, 1993. (Dissertação de Mestrado).

ROCHA DE PAULA, E. *Do pasmo-temor ao pasmo-admiração*. Belo Horizonte: SID-APA/Antropologia e Psicologia Aplicada. Caderno de textos. Programa de Desenvolvimento Pessoal. Julho-Agosto, 1994.

SÁ, N. R. L. *Educação de surdos: a caminho do bilinguismo*. Niterói: EdUFF, 1999.

SACKS, O. *Vendo vozes: uma jornada pelo mundo dos surdos*. Rio de Janeiro: Imago, 1990.

SANCHEZ, C. *La increible y triste historia de la sordera*. Caracas: Ceprosord, 1990.

SANCHEZ, C. "Los sordos ¿deven aprender a leer?" In: *El bilinguismo de los sordos*. 1. ed. Santafé de Bogotá: Insor, noviembre, 1995.

SANCHEZ, C. "Los sordos con restos auditivos". In: *El Bilinguismo de Los Surdos*. Santafé de Bogotá: Insor, v. 1, n. 2, 1996.

SIROTA, R. *A escola primária no cotidiano*. Porto Alegre: Artes Médicas, 1994.

SKLIAR, C. *Acerca de la educación de los sordos en el contexto general de la educación: variables intervinientes en la planificación, gestión y seguimiento de la educación bilingue. El bilinguismo de los sordos*. Santafé de Bogotá: Insor, 1996.

SKLIAR, C. *La educación de los sordos. Una reconstrucción histórica, cognitiva y pedagógica*. 1.ed. Mendoza: EDIUNC/Editora de la Universidad Nacional de Cuyo, 1997.

SKLIAR, C. *A surdez: um olhar sobre as diferenças*. Porto Alegre: Mediação, 1998.

SOARES, M. *Para além do discurso*. Presença Pedagógica, ano 1, n. 2 mar./abr. 1995.

SOARES, M. *Letramento. Um tema em três gêneros*. Belo Horizonte: Autêntica, 1998.

SOUSA, Regina Maria de. e GÓES, Maria Cecília Rafael de. "O ensino para surdos na escola inclusiva: considerações sobre o excludente contexto da inclusão". In: SKLIAR, C. (org.). *Atualidade da educação bilíngüe para surdos*. Porto Alegre: Mediação, v. 1, 1999.

STEVENSON, E. *A study of the educational achievement of deaf children and deaf parents*. California News, 80, 4, 143, 1964.

STRONG, M. *Language, learning and deafness*. Cambridge: Cambridge University Press, 1988.

STRONG, M. and P. M. Prinz. *A study of the relationship between American Sign Language and English literacy*. Journal of Deaf Studies and Education, 2, 1, 1996.

STUCKLESS and BIRCH, J. *The influence of early manual communication on the linguistic development of deaf children*. American Annals of the deaf, 111, 4, 1966.

SVARTHOLM, K. *Língua escrita*. Curso ministrado no IV Congresso Latino Americano de Educação Bilíngüe para surdos, tema Santafé de Bogotá, 1997 (notas de aula).

The American Heritage Dictionary. 3. ed., Versão 36a. Houghton Hifflin Company, 1992.

TRYBUS, R. & KARCHMER, M. *School achievement scores of hearing impaired children: national data on achievement status and growth patterns*. American Annals of the Deaf, 122, 1977.

UNESCO. *Revised Recommendation concerning the Internationsl Standardization of Educational Statistics*. Paris, 1978.

VALENTINI, C. B. *A apropriação da leitura e da escrita e os mecanismos cognitivos de sujeitos surdos na interação em rede telemática*. Porto Alegre: Universidade Federal do Rio Grande do Sul, 1995. (Dissertação de Mestrado)

VEINBERG, S. "La otra cultura". In: SKLIAR, C. (Org.). *Atualidade da educação bilíngüe para surdos*. Porto Alegre: Mediação, 1999.

VERNON, M. & KOH, S. *Effects of early manual communication on achievement of deaf children*. American Annals of the deaf, 115, 1970, p. 527-536.

VERNON, M. & KOH, S. *Effects of oral preschool compared to early manual communication on education and communication in deaf children*. American Annals of the deaf, 116, 1971, p. 569-574.

VIADER, M. P. F. *La integración de los alumnos sordos en España. Un balance después de doce años. Qué opinan los sordos? Qué opinan los padres? Qué opinan los maestros?* INSOR, 1999, v. I, 3.

WALLIN, L. *O estudo da língua de sinais na sociedade*. Espaço: Informativo técnico-científico do INES, Rio de Janeiro: INES, v. 1, jul./dez., 1990.

WILBUR, R., FRASER, J. & FRUTCHER, A. *Comprehension of idioms by hearing impaired students*. Paper presented at the American Speech-Language-Hearing Association Convention, Los Angeles, 1981.

WILEY MEDICAL PUBLICATIONS. *International Dictionary of Medicine and Biology*, v. II, Nova York, 1986.

WOODWARD, J. *Some sociolinguistic problems in the implementation of bilingual education for deaf students*. Proceedings of the National Symposium on Sign Language Research and Teaching, USA, 1978.

Este livro foi composto com tipografia Palatino e impresso
em papel Off Set 75 g/m² na Gráfica Paulinelli.